Ueber Persönlichkeit, Aufgaben und Ausbildung des Richters.

Von

Dr. A. N. Zacharias,

Oberlandesgerichtsrat in Hamburg.

Berlin 1911.

J. Guttentag, Verlagsbuchhandlung,

G. m. b. H.

Inhaltsübersicht.

I. Ueber die „Persönlichkeit“ des Richters.

Seit Jahren wird in Juristenkreisen mit zunehmender Lebhaftigkeit die Frage erörtert, wie die Ausbildung der Juristen und namentlich diejenige der Richter verbessert werden könne. Die einen verlangen eine Verschärfung der Examina, die anderen wiederum sehen in unserem Examenwesen ein Hemmnis für eine Besserung der Verhältnisse. Der eine verlangt, daß die Juristen mehr philosophische Studien treiben sollen, der andere warnt vor zu weitgehender Beschäftigung mit abstrakten Dingen und wünscht mehr Berührung mit dem praktischen Leben. Bei solchen Diskussionen der Juristen stehen viele intelligente Vertreter von Handel und Industrie verdrossen bei Seite und meinen, die Juristen würden es mit der einen wie mit der anderen Vorbildung nie zu vollem Verständnis für die Bedürfnisse des Lebens bringen; es sei daher nur von der zunehmenden Beteiligung der Laien an der Rechtspflege Gutes zu erhoffen.

Daß die vielen Erörterungen über die Richtervorbildung sich bereits als sehr fruchtbar erwiesen hätten, wird man kaum sagen können. Ich glaube, es liegt das zum Teil daran, daß man die Frage nicht am richtigen Ende angreift. Uber Vorschläge, an der Ausbildung der Richter dieses oder jenes zu ändern, kann man nicht erfolgreich diskutieren, wenn das Ziel, dem man zustrebt, unklar ist. Nur scheinbar besteht Einigkeit über das Ziel. In Wahrheit fehlt es nicht allein an einem von allen Seiten einmütig angestrebten klaren Ziel, sondern es ist sogar erkennbar, daß Männer, die sich einig zu sein glauben, verschiedenen, nicht miteinander vereinbaren Zielen zustreben.

In der Politik mag es oft praktisch sein, daß man die letzten Ziele im Nebel verschwimmen läßt und sich damit begnügt, nur das Zunächstliegende ins Auge zu fassen. Hier, wo es sich um die Aufgabe handelt, die Organe der Rechtspflege auf einen möglichst hohen Stand zu heben, ist es nicht richtig, vor einer klaren Erörterung des Ziels zurückzuscheuen. Es ist besser, sich klipp und klar darüber auszusprechen, wie man sich den Typus des deutschen Richters, wie er sein soll, vorstellt. Mit der Verdeutlichung des Ideals, dem man zustreben will, vereinfacht sich die Schwierigkeit, die rechten Wege zu finden. Erst das Ziel, dann der Weg zum Ziel!

. . . .

Der Richter soll ein gewissenhafter, durchaus unabhängiger Mann von festem Charakter und mit gutem Fachwissen sein! Diese wichtigsten Anforderungen sind so selbstverständlich, daß es sich nicht verlohnt, hier weiter darüber zu reden. Hinsichtlich der übrigen Eigenschaften, die der Richter haben soll, gehen aber die Anschauungen, je nach Art und Erziehung des Beurteilers, recht sehr auseinander.

Um einige Ordnung in das Chaos der sich bunt durchkreuzenden Anschauungen zu bringen, möchte ich die Aufgabe so angreifen, daß ich bestimmte, von nicht wenigen Deutschen hochgehaltene Typen richterlicher Persönlichkeit ablehne und die Gründe, die mich zur Ablehnung bestimmen, zu entwickeln suche. Wenn man unter den verschiedenen vorhandenen Idealen aufräumt und das als nicht haltbar Befundene beiseite wirft, so müssen allmählich die Züge des echten Idealbilds wie von selber deutlich hervortreten.

* * *

Zunächst lehne ich den Typus des feinsinnigen, gründlichen, ehrwürdigen deutschen Gelehrten ab.

Jeder, der das große Glück gehabt hat, daß sich unter den Lehrern seiner Jugend ein solcher Mann befand, weiß den gewaltigen Wert einer solchen Persönlichkeit zu würdigen. Es kann nicht anders sein, als daß der ganz auf das Ideale gerichtete Sinn des deutschen Gelehrten und seine opferwillige Hingebung an die idealen Aufgaben fördernd und emporhebend auf alle, die mit ihm verkehren, wirken. So handelt es sich in der Tat um eine echte, schöne Idealgestalt. Aber auf den Richterstuhl paßt sie nicht. Einen Mann von solcher Art kann man sich gut als den Verfasser einer trefflichen rechtsphilosophischen Abhandlung denken. Er wird aber nicht die Gabe besitzen, im rauhen Streit um Geld und Gewinn den Kaufmann, den Handwerker, den Arbeiter von Grund aus zu verstehen und seine Handlungen richtig zu würdigen. Es fehlt jenen Gelehrtennaturen der harte Wirklichkeitssinn, den der Richter braucht, um gerechte Entscheidungen zu finden. Auch ist solchen feinsinnigen Gelehrtennaturen im allgemeinen die Gabe versagt, gegenüber ungebildeten Menschen und rohen Naturen energisch durchzugreifen und ihnen gegenüber die Autorität kraftvoll aufrecht zu halten.

* * *

Zum zweiten glaube ich einen Typus ablehnen zu müssen, der in gewisser Weise einen Gegensatz zu dem soeben besprochenen bildet. Es ist der Typus des „schneidigen Richters“.

Der Begriff der „Schneidigkeit“ entstammt dem militärischen Leben. Es gibt Leute, denen alles Militärische verhaßt ist. Mit solchen Leuten werde ich mich nicht verständigen. Ich wende mich nur an die vielen Tausende von Gebildeten aus unserem „Volk in Waffen“, denen das Heer lieb und wert ist, und für die der Geist, der in unserem Heere lebt, ein Gegenstand der Freude und des Stolzes ist.

Der Begriff der Schneidigkeit vereinigt in sich eine ganze Reihe von Vorstellungen. Er umfaßt neben dem Gedanken des persönlichen Mutes die Gedanken der Energie, der Schnelligkeit des Entschlusses und der Gewohnheit, sich hell und scharf zu äußern. Für uns Freunde des Heeres ist der Typus des schneidigen Reiterobersten, des schneidigen Kompagniechefs, der jene Eigenschaften in sich vereint, ein echter Idealtypus. Im Gerichtssaale indessen ist dieser Typus nicht an seinem Platze. Die Schneidigkeit des Offiziers wirkt auf dem Exerzierplatz erziehend und stählend, im Felde sogar hinreißend und begeisternd, wenn aber der Richter im Gerichtssaale Schneidigkeit entfaltet, so wird dies niemals Segen bringen, oft dagegen hemmend, schädigend und gar zerstörend wirken.

Der Richter, der über Recht und Unrecht entscheiden und die Streitigkeiten der Menschen schlichten soll, muß vor allem die Menschen und ihr Handeln verstehen, und weiter muß er, um ein gerechtes Urteil finden zu können, alle Tatumstände kennen, die für die Entscheidung von Bedeutung sein können. Der Gewinnung jenes Verständnisses und der Erlangung dieser Kenntnis stellen sich für den „schneidigen" Richter enorme Hindernisse entgegen, wenn er die Personen, um deren Angelegenheit es sich handelt, selbst zu hören oder Zeugen zu vernehmen hat.

Es ist merkwürdig, wie schwer es uns Juristen fällt, uns beständig gegenwärtig zu halten, wie überaus schwierig es für jedermann ist, vor Gericht in eigener Sache oder als Zeuge sich richtig und vollständig zu äußern. Von seltenen Ausnahmen abgesehen, befindet sich jeder, der in eigener Sache oder als Zeuge vor Gericht steht, in einem Zustande innerer Erregung oder doch innerer Anspannung. Der Anblick des Gerichtssaals und der Richter, die ungewohnte Notwendigkeit, sich vor Fremden über eigene Angelegenheiten oder Erlebnisse äußern zu müssen, das Bestreben, keine Fehler zu machen, die Sorge vor ungünstigen Folgen oder doch Ungelegenheiten, zu denen die Aussage führen könnte — das alles zusammen genügt, um jedermann der vollen inneren Ruhe zu berauben. So treten der Richter und die zu hörende Person sich in vollkommen verschiedener Gemütsverfassung gegenüber.

Schon an sich ist es nicht leicht, sich in eigener Streitsache oder über eigene Erlebnisse genau richtig zu äußern. Damit darin das Beste geleistet werden könne, ist innerer Gleichmut erforderlich. Die Fähigkeit zu der notwendigen schnellen und doch behutsamen Überlegung und zu darauf folgender sachgemäßer Äußerung wird durch die innere Unruhe und Anspannung, in der sich Parteien und Zeugen befinden, in erheblichem Grade beeinträchtigt. Es ist nach meiner Ansicht ein schwerer Irrtum, wenn ein Richter meint, der Mann, der vor Gericht äußerlich vollen Gleichmut zeigt, befinde sich auch innerlich in ebenso gleichmütiger Verfassung wie der vernehmende Richter selber. Viele Leute, namentlich aber diejenigen, die eine gute Erziehung genossen haben, haben sich genügend in der Gewalt, um äußerlich ein vollständig ruhiges und gleichmütiges Wesen zur Schau zu tragen. Die innere Nervenanspannung ist darum keine geringere, eher eine größere, und nicht selten mag gerade die Anstrengung der vollkommenen Selbstbeherrschung die Fähigkeit zu korrekter Überlegung und freier Äußerung besonders stark beeinträchtigen.

Daher ist es die Aufgabe des Richters, der in das Verständnis der Verhältnisse eindringen will, nach Möglichkeit die unsichtbaren Schranken niederzubrechen, die ihn von der Partei und dem Zeugen trennen. Er muß bemüht sein, jenen geistigen Kontakt herzustellen, der allein eine erfolgreiche Zwiesprache gewährleistet. Das zu erreichen, ist nur möglich, wenn in dem Richter eine menschenfreundliche, großzügige Gesinnung lebt, und wenn er überdies genügend über den Dingen steht und genügende innere Freiheit besitzt, um in seinem äußeren Wesen und Verhalten den inneren Menschen durchscheinen zu lassen.

Es ist wunderbar, wie schnell und leicht jeder, der in schwieriger Lage sich befindet, bei der Persönlichkeit, die ihm mit Autorität gegenübertritt, durchfühlt, ob dieselbe ihm eine menschlich-freundliche Gesinnung entgegenbringt. Das Auge, die Miene, die Redeweise des Richters verraten der Partei und dem Zeugen, ob die Persönlichkeit des Richters ihnen einen Anhalt bietet. Unter dem Einflusse einer vornehm-menschenfreundlichen Persönlichkeit auf dem Richterstuhle schließt sich das Wesen der Menschen, die vor Gericht stehen, wie von selber auf. Der Mann gewinnt, während er vernommen wird, an innerer Ruhe und Überlegungskraft. Er wird freier und natürlicher; die unsichtbaren Schranken schwinden allmählich. Nicht selten ändert sich damit für den Richter das Bild des Rechtsfalles in entscheidender Weise.

Und nun dagegen die Erfolge des „schneidigen“ Richters! — Ich betone hier, daß ich nicht etwa ein Zerrbild im Auge habe. An einen zur Oberflächlichkeit und Äußerlichkeit geneigten Juristen denke ich hier überhaupt nicht. Oberflächliche Menschen wird es, wie in allen anderen Ständen, so wohl auch im Richterstande geben. Sie taugen nicht viel in ihrem Berufe, mögen sie schneidig oder nicht schneidig auftreten. Ich rede hier nur von persönlich tüchtigen und pflichttreuen Männern, die aber dabei von einer Art sind, die ich als ungeeignet für die Erfüllung der richterlichen Aufgabe bekämpfe. — Der schneidige Richter, dessen Wesen den Gedanken wiederspiegelt, daß er vor allem berufen sei, die Autorität des Staates geltend zu machen, scheint zu verkennen, daß er, bevor er beginnen kann zu „richten“, zunächst rezeptiv tätig sein muß. Er muß Tatsachen in Erfahrung bringen, die er zunächst nicht weiß! Der Offizier kommt nur ausnahmsweise in die Lage, daß er sich über Wesen und Willensmeinungen seiner Untergebenen gründlich informieren muß. Der Richter aber soll in kranken Fällen des Verkehrslebens und des Familienlebens helfen, und er muß sich daher zunächst über bestimmte menschliche Verhältnisse so gründlich wie möglich unterrichten lassen. Der tiefe, richtige Einblick in die Verhältnisse läßt sich nicht allein durch Anwendung der staatlichen Autorität erzwingen.

Vor dem hellen schneidenden Tone des vernehmenden Richters, vor seinem herrischen Wesen verschließen sich fest die Pforten, durch die allein er in die Verhältnisse eindringen könnte. Das gilt nicht nur von der Vernehmung besonders sensitiver Persönlichkeiten, wie etwa in dem Falle der nervösen Dame oder der nervösen Arbeiterfrau im Ehescheidungsprozesse. Es gilt ganz ebenso, wenn nicht noch mehr, von den Scharen derber Männer aus dem Volke. Allerdings bedingt hier die Volksart starke Verschiedenheiten. So werden ja den Söhnen unserer Reichshauptstadt die Gaben besonderer Gegenwart des Geistes und besonderer Schlagfertigkeit der Zunge nachgerühmt. Aber man vergegenwärtige sich die Gestalten des nordwestdeutschen Schiffers, des mecklenburger Tagelöhners, des Bauern aus Schwaben oder Niederbayern. Über sie alle wird es wie eine Art von Erstarrung kommen, wenn sie vor dem Stuhle eines schneidigen Richters stehen. Dabei wird bei jenen einfachen Leuten kein böser Wille, keine Verstocktheit mitsprechen. Der Denkapparat, dem Außergewöhnliches zugemutet wird, funktioniert eben ungenügend und kommt zu halbem Versagen. Der Richter, der sich abgemüht hat, möglichst viel zu erfahren, wendet sich mit dem Empfinden ab, alles eingesetzt zu haben, was ein guter Richter einsetzen konnte. Er irrt. Hätte er sich etwas mehr von Menschenfreundlichkeit und Duldsamkeit beherrschen lassen, und hätte er dabei die Freiheit besessen, sein inneres Wesen nicht zu verbergen, so hätte er den Leuten mehr innere Ruhe gegeben und sie damit zu besserem Denken, Erinnern und Sprechen gebracht.

Ich hatte vor kurzem Gelegenheit, einen Amtsrichter in der öffentlichen Verhandlung in Zivilsachen zu beobachten, der mir wie das Gegenbild des schneidigen Richters erschien, und dessen Verhalten auf mich den Eindruck des Mustergültigen machte. Während er mit den Parteien sprach, war die Miene stets aufmerksam und freundlich. Die Verhandlung hatte durchweg den Charakter einer in vornehm freundlichem Tone von dem Richter geleiteten fließenden Unterhaltung. Der Fortgang der Verhandlungen war ein verhältnismäßig rascher. Keineswegs ließ der Richter die Parteien oder die Anwälte nach Belieben ausreden. Aber die Unterbrechungen vollzogen sich immer in freundlich-höflichem Tone. Der Richter sprach ziemlich leise. Seiner Art und Weise bequemten sich Parteien und Anwälte in geradezu überraschender Weise an. Parteien und Anwälte wechselten, aber die Verhandlungen hatten immer den gleichen Charakter. Laute Worte hörte man nicht. Zur Unterbrechung genügte immer ein nur leises Wort des Richters. Aber alles, was der Richter sagte, bezeugte seine gründliche Sachkenntnis und vor allem seine gute Lebenserfahrung und seine Beherrschung der Verhältnisse. Dabei fehlte auch die leiseste Spur von Schärfe im Ton oder gar von befehlsartiger Äußerung. Man konnte sich des Gefühls nicht erwehren, daß hier ein tüchtiger Amtsrichter ganz allein durch die Macht seiner geistigen Überlegenheit die Scharen der Leute aus dem Volke und der jungen Anwälte und Referendare, die vor ihm zu verhandeln hatten, sicher regierte. Der Überzeugung, daß dieser Richter bei jeder streitigen Sache von dem Willen erfüllt ist, sie voll zu verstehen, und daß er dabei von Menschenfreundlichkeit beseelt ist, wird sich keine Partei verschließen. Da er überdies über gute Kenntnisse und urbane Formen verfügt, so zwingt er die vor ihm Verhandelnden in die Bahnen sachgemäßer Verhandlung und guter Sitte hinein. Weiß man, wie laut und unschön es bei derartigen Verhandlungen oft zugeht, so würdigt man die glänzende Leistung hoch. Daß derselbe Richter gelegentlich mit einem Manne, der einmal betrunken vor

Gericht erscheint, auch gut fertig werden würde, daran hegt man, wenn man den Mann im Amte sieht, keinen Zweifel; und zwar würde er wahrscheinlich sehr ruhig und schnell und ohne großen Aufwand von Stimm-Mitteln mit ihm fertig werden. Das Bild, das ich hier zu zeichnen versucht habe, ist das Bild richtiger richterlicher Würde. Richterliche Würde und Schneidigkeit stehen mit einander nicht in Harmonie.

Lehrreich ist auch ein Blick auf die richterliche Mitwirkung bei der Erledigung von Prozessen durch Vergleich. Der schneidige Richter ist einer vergleichsweisen Erledigung der Prozesse keineswegs abhold. Im Gegenteil, er hält es für verdienstlich, recht viele Prozesse so zu erledigen, und er freut sich seiner Kunst, die Leute zum Vergleiche geneigt zu machen. Der feinfühligere Richter empfindet, wieviel Unheil durch die Vergleiche angerichtet werden kann, die unter starkem richterlichen Druck zu stande kommen.

Für den Richter ist es verhältnismäßig leicht, die Parteien in der Vergleichsverhandlung zu beeinflussen. Die Partei sieht im Richter einen Mann, der über die Chancen des Prozesses erheblich besser Bescheid weiß, als ihr Anwalt. Außerdem ist sie geneigt, sich der Autorität der Gerichte, die ihr in der Person des amtierenden Richters entgegentritt, zu beugen. Es gehört schon Rückgrat dazu, damit ein Laie bei der Erörterung über einen Vergleich dem intensiven Zureden des „schneidigen“ Richters standhält. Nicht allzu oft wagt in solchem Falle ein Anwalt, dem Richter mit Kraft entgegenzutreten und seinem Klienten mit der gleichen Schärfe, mit der der Richter zuredet, von dem Vergleiche abzuraten. Nun beugen sich beide Parteien, und der Vergleich kommt zustande. Aber kaum haben die Parteien das Gerichtsgebäude verlassen, so weicht der Bann, unter dem sie gestanden haben. Reue über den Vergleich, Ärger über den Anwalt, der nicht genügend Hilfe geleistet hat, Erbitterung über das Gerichtsverfahren sind die Folge. Dann kommen die Kostenrechnungen, deren Höhe nicht ganz im voraus übersehen und nicht ganz richtig gewürdigt war. Manche Partei gewinnt jetzt nachträglich den Eindruck, daß sie dann ja besser garnicht geklagt hätte. Ich glaube, daß die Leute nicht selten sind, die, wenn es sich um kleine Prozesse handelt, lieber den Prozeß verloren hätten, als daß sie das Gefühl haben, in der Vergleichsverhandlung überrannt und zu einem Vergleiche, den sie jetzt für unangemessen halten, vom Richter veranlaßt zu sein. Die zufriedene Stimmung, mit der der Richter die Akten fortgibt und von dem so glücklich erledigten Prozesse Abschied nimmt, steht nicht selten in starker Disharmonie mit der Stimmung, die bei den Parteien durch den Vergleich hervorgerufen ist. Der schneidige und bei den Vergleichsverhandlungen anscheinend so erfolgreiche Richter kann unter Umständen gerade bei *dieser* Tätigkeit dem Ansehen der Gerichte viel Abbruch tun.

So komme ich dazu, den Typus des schneidigen Richters als unwünschenswert abzulehnen. Die Schneidigkeit, unter anderen Verhältnissen eine hohe Tugend, ist der richtigen Urteilsfindung hinderlich, weil sie den Weg zu tiefem Eindringen in die tatsächlichen Verhältnisse versperrt. Sie ist geeignet, das Vertrauen der Bevölkerung in die Rechtspflege zu beeinträchtigen, weil sie den rechtsuchenden Laien das gerichtliche Verfahren verleidet und verbittert.

* * *

Ich glaube kaum, daß ich, wenn ich den Typus des feinsinnigen „gelehrten" Richters ablehne, viel Widerspruch zu besorgen habe. Mit der Ablehnung des Typus des schneidigen Richters werde ich schon erheblich viel stärkeren Widerspruch wachgerufen haben. Von jetzt ab begebe ich mich in schwieriges Fahrwasser. Ich bin auf sehr entschiedenen Widerspruch gefaßt. Es handelt sich um den Typus des fleißigen, bescheidenen, in engbegrenztem Interessenkreise herangewachsenen, bureaukratischen Beamten. Auch diesen Typus wage ich abzulehnen.

Es gehört große Unbildung dazu, nicht zu wissen, was Deutschland und vor allem der preußische Staat dem Typus des bescheidenen Beamten verdankt. Es ist unmöglich, dieser Art von Männern anders als mit hoher Achtung und mit dankbarer Anerkennung zu gedenken. Auch hier wieder handelt es sich also um eine echte Idealgestalt. Auf den Richterstuhl aber gehören heute, im zwanzigsten Jahrhundert und innerhalb des heutigen deutschen Volkes, Männer von anderer Art.

Wer ein Richter werden will, kann nicht ebenso, wie das z. B. für einen jungen Lehrer möglich ist, allein dadurch, daß er bei guter Veranlagung die vorgeschriebene Ausbildung mit Fleiß und Geschick absolviert, dahin gelangen, daß er in seinem Berufe Ausgezeichnetes leistet. Der Vergleich mit dem Lehrerstande ist instruktiv. Es verlohnt sich, bei diesem Vergleiche kurz zu verweilen. — In den letzten Jahren ist in verschiedenen deutschen Staaten bei Erörterungen über die Gleichstellung des Lehrergehalts mit dem Richtergehalt viel über das Verhältnis der Tätigkeit und der Aufgaben in beiden Berufen gesprochen. Ich rede hier nicht über die Gehaltsfrage. Die Gleichsetzung der Gehälter mag vollkommen richtig sein. Aber durch die bei jenen Erörterungen angewendete Argumentation ist nach meiner Ansicht den Interessen der Rechtspflege ernster Schaden zugefügt, denn es sind durch sie Anschauungen über die Aufgaben der richterlichen Tätigkeit und über die notwendigen Voraussetzungen gedeihlicher Rechtsprechung genährt und verbreitet worden, die ich für eminent schädlich halte.

In der Tat kann ein junger Lehrer alsbald nach Beendigung seiner Ausbildung geradezu Hervorragendes in seinem Berufe leisten. Ich kenne jugendliche Lehrer, die pädagogisches Talent, gründliche Bildung und hinreißende jugendliche Frische so gut in sich vereinigen, daß sie als Lehrer von Knaben in der Sexta und Quinta Leistungen allerersten Ranges aufweisen. Die Erziehung kleiner Knaben ist nicht minder wichtig als diejenige von Jünglingen. Mit der zunehmenden Erfahrung geht leider die jugendliche Frische und die in der Jugend des Lehrers begründete besondere Macht über die Kinderseelen wohl unabänderlich zurück. Ich bezweifle, daß ein alter vielerfahrener Lehrer als Lehrer von Sextanern jemals so Ausgezeichnetes leisten kann, wie ein junger Mann von der geschilderten trefflichen Art. Daher ist ein pädagogisch talentvoller, fertig ausgebildeter Lehrer auch für höchste berufliche Leistungen fertig! Nicht anders steht es bezüglich der meisten anderen gelehrten Berufe. Mancher junge Gelehrte hat schon zwischen dem zwanzigsten und dreißigsten Lebensjahre Unvergängliches geleistet.

Dahingegen käme mir der Gedanke, daß heutzutage ein Richter mit 28 Jahren Bedeutendes, Hervorragendes leisten könnte, ganz wunderlich vor. Daß ein Mann, der über die verwickelten Verhältnisse des modernen

Lebens entscheiden soll, das in ausgezeichneter Weise zu tun vermöchte, ohne ansehnliche Lebenserfahrung zu besitzen, ist offenbar unmöglich. Und wie soll ein junger Jurist von 28 Jahren zum Besitze von ansehnlicher Lebenserfahrung gelangt sein! Ich möchte einige geeignete Beispiele von Prozessen aus der Masse herausgreifen: Man nehme einen Ehescheidungsprozeß unter Ehegatten aus den gebildeten Ständen. Der Frau ist ein Verhalten nachgewiesen, das den Regeln der Sitte nicht entspricht, von Ehebruch ist aber gar nicht die Rede. Es handelt sich darum, ein Urteil darüber zu gewinnen, wie schwer die Verfehlungen einzuschätzen sind, und ob dem Manne zuzumuten oder nicht zuzumuten ist, daß er unter solchen Verhältnissen die Ehe fortsetze. Man nehme ferner den häufigen Fall, daß während des Ehescheidungsprozesses zwischen Ehegatten aus dem Arbeiterstande bitterer Streit darüber herrscht, wo die Kinder bleiben sollen. Man denke an das weite Gebiet der Prozesse über unlauteren Wettbewerb. Sodann erinnere ich an die zahllosen Fälle, in denen sorgfältig abzuwägen ist, ob im Handelsverkehr die Grenzen gewahrt oder überschritten sind, die durch das Gebot der Wahrung von Treu und Glauben gezogen sind. Von dem Rüstzeug, über das der Richter verfügen muß, um in diesen Fällen gerecht entscheiden zu können, ist dem jungen Juristen durch das Universitätsstudium nur herzlich wenig mitgegeben. Kaum mehr als der äußere Rahmen, innerhalb dessen nun die eigentliche Beurteilung erst beginnen soll. Und was die Referendarzeit da hat hinzutragen können, das ist allerdings schon etwas, aber doch immer nur bitter wenig. Neun Zehntel des zu guter Leistung in jenen Fällen unabänderlich notwendigen Rüstzeugs kann der Jurist nur durch längere

Lebenserfahrung gewinnen; die gründlichste Kenntnis von Gesetzesparagraphen und Kommentaren nützt ihm hier so gut wie nichts. Und selbst das Talent — so unendlich wichtig es ist — vermag hier weniger als vielleicht in irgendeinem anderen Berufe den Mangel an positiver Erfahrung auszugleichen. Natürlich läßt es sich nicht vermeiden, daß auch verhältnismäßig noch junge Männer mit der richterlichen Tätigkeit betraut werden. In Kollegialgerichten wird ihre Unerfahrenheit durch die Erfahrung der anderen Kollegen zu einem erheblichen Teile unschädlich gemacht. Durch ihre Arbeitskraft und ihre Gesetzeskenntnis können junge Kollegen auch schon sehr großen Nutzen bringen, und vor allem ist die Mitwirkung junger Kollegen deswegen so nötig, weil erfahrene Richter aus unerfahrenen Juristen allmählich herangebildet werden müssen, aber darum nicht minder kann ein unerfahrener Richter noch nie ein guter Richter sein!

Das Wort „Lebenserfahrung" ist leicht hingesprochen; schwieriger ist es, zu bestimmteren Vorstellungen über die Art von „Erfahrung" zu gelangen, die mit jenem Worte bezeichnet werden soll, wenn man vom Richter Lebenserfahrung verlangt. Ich möchte von dem folgenden Falle ausgehen: Ein junger Jurist ist der Sohn eines Beamten von bescheidenen Mitteln. Er ist in der kleinen Stadt, in der die Eltern wohnten, aufgewachsen. Er hat auf der Universität emsig Collegia besucht und auch sonst redlich nach Vorschrift studiert. Als Referendar und Assessor hat er weiter in kleinen Städten gelebt, die alle seiner Vaterstadt sehr ähnlich waren. Verkehr hat er allezeit nur mit Berufsgenossen und Beamtenfamilien gehabt, deren Interessenwelt derjenigen seines elterlichen Hauses glich. Nun wird er

Amtsrichter, dazu auch Ehemann und Familienvater, mit der Zeit Landgerichtsrat usw. Die Akten und die Familie sind seine Welt. Pflichteifrig, mit peinlichster Treue gegenüber seinem Amte, vollendet er die Lebensbahn. Sicherlich hat dieser Mann nach und nach eine gewisse Lebenserfahrung gewonnen. Mancherlei Dinge aus dem bunten Leben, von denen er als junger Mann keine Ahnung hatte, sind ihm in seiner richterlichen Amtstätigkeit zur Kenntnis gelangt. Auch die Kräfte, die das Familienleben einer bestimmten Bevölkerungsschicht bewegen und bestimmen, hat er kennen gelernt. Hat er damit die Lebenserfahrung gewonnen, die wir von dem Richter verlangen müssen, bevor wir ihn als einen guten, den Bedürfnissen der Zeit gewachsenen Richter bezeichnen können? Ich glaube das nicht. Er bleibt weit unter dem dazu erforderlichen Niveau!

Der Mann, den ich geschildert habe, hat zu wenig vom Leben gesehen. Das setzt ihn zunächst in den Nachteil, daß ihm für die Beurteilung der Lebensverhältnisse, über die er zu entscheiden hat, die tausendfachen festen Anknüpfungspunkte fehlen, die in der Seele desjenigen, der sich im Leben und Treiben der Welt bewegt hat, vorhanden sind. Das selbst Gesehene, selbst Erlebte, selbst Erlittene hat einen ganz anderen erziehlichen Wert, als das aus den Akten und aus Verhandlungen vor Gericht Geschöpfte. Da haben z. B. die Richter fort und fort Verträge auszulegen und zu ermitteln und zu würdigen, was bei einer Vertragsverhandlung der eine oder der andere Kontrahent gedacht oder gewollt hat. Ich kann nicht umhin, zu glauben, daß es für einen Richter, der nie in der Lage gewesen ist, selber schwierige Vertragsverhandlungen führen zu müssen, die ihn in starke Seelenspannung versetzten, schwer ist, das Denken und Verhalten anderer Menschen, die unter solchen Umständen gehandelt haben, bis in den letzten Winkel hinein richtig zu verstehen. Ist man wenigstens häufiger dabei gewesen, wenn solche Verhandlungen geführt wurden, so mag das einigermaßen als Ersatz gelten. Bei der nachträglichen Schilderung im Gerichtssaal haben aber die Dinge meist ein so verändertes Gesicht, daß die Erfahrung des Gerichtssaals die eigene Erfahrung auch nicht im entferntesten zu ersetzen vermag. Besonders interessant und als nur aus dem Fehlen eigener Erfahrung erklärlich ist es mir immer erschienen, daß für so manchen Juristen bei seiner beruflichen Tätigkeit die einfache Erfahrung kaum mitzusprechen scheint, daß bei etwas komplizierteren Verhandlungen im allgemeinen niemand gleichzeitig alle Punkte zu übersehen und in jedem Augenblick alles vorher Geschehene und Gesprochene zu erinnern imstande ist. In den im Gespräch sich vollziehenden Verhandlungen wogt es gewissermaßen hin und her. Bei langer, oft erregter Erörterung wird auch von dem gewissenhaftesten Unterhändler manches Wort gesprochen, das etwas zu weit geht, oder das auf einem momentan unrichtigen Erinnern beruht. Wer an sich selber Erfahrungen hat machen können, gewinnt ein gewisses Taktgefühl dafür, wie, aus einer bestimmten Situation und ihrer Stimmung heraus, die gesprochenen Worte zu bewerten und wie der Sinn der Äußerungen in ihrer Gesamtheit zu würdigen ist. Die selbst erlebten Eindrücke schulen und schärfen den Verstand nach dieser Richtung und reifen die Urteilskraft. Der so geschulte Jurist wird weniger als manche andere geneigt sein, da, wo etwas nicht gesagt ist, was bei richtiger Übersicht und ruhiger Besinnung hätte gesagt werden sollen, sogleich an böse Absicht zu denken. Er wird weniger geneigt sein, aus einem einzelnen Ausdrucke, der gebraucht ist, weitgehende Schlußfolgerungen zu ziehen. Er wird überhaupt, da er an sich selber gelernt hat, wie schwer es ist, bei geschäftlichen Unterhandlungen immer genau die Worte zu finden, die das Gemeinte am bestem ausdrücken, stets bestrebt sein, die Situation von Grund aus zu verstehen, um aus derselben heraus die innere Wahrscheinlichkeit zu verwerten und gegenüber den gebrauchten Worten mitsprechen zu lassen. Diese eigenen Erfahrungen aus dem Leben außerhalb der Gerichte werden dann auch bei der Zeugenvernehmung nutzbar. Für die Entscheidung der Prozesse und für das Ansehen der Rechtspflege ist es gleich schädlich, wenn Widersprüche in der Aussage der Zeugen ohne weiteres als etwas Mißtrauenerregendes aufgefaßt und zum Gegenstande hart tadelnder Vorhaltungen gemacht werden. Die Widersprüche können oft daraus erklärt werden, daß die Erinnerung sich allmählich vertieft hat, oder daß der Zeuge zuerst zu ausschließlich an eine Seite der Sache gedacht und anderes zunächst nicht genügend beachtet hatte.

Ich habe soeben die durch Teilnahme oder Beiwohnung bei mündlichen Vertragsverhandlungen gewonnene Erfahrung als Beispiel herausgegriffen. Selbstverständlich handelt es sich nur um ein Beispiel aus einer ganzen Welt von Erfahrungs-Möglichkeiten. Wenn solche Lebenserfahrungen von bunter Mannigfaltigkeit sich in der Seele des Juristen ansammeln, so bilden die so gewonnenen Kenntnisse für ihn ein unschätzbares Rüstzeug. Treten die Rechtsuchenden an ihn als Richter mit ihren Sachen heran, so finden sie bei ihm auf vielen Gebieten einen zu verständnisvoller Aufnahme ihres

Vorbringens wohl vorbereiteten Boden. Fehlt es an dieser Vorbereitung des Bodens, so kann sie im Einzelfall meist nicht nachgeholt werden, denn sie kann eben in der Regel nur durch Bewegung im praktischen Leben beschafft werden.

Und jetzt wende ich mich einer noch wichtigeren Seite der Sache zu. Gewiß ist die Aufspeicherung reichen Erfahrungsmaterials zu späterer unmittelbarer Verwertung überaus wichtig und notwendig. Aber noch wichtiger ist die Hebung und Stärkung der Persönlichkeit des Richters, die durch die reifende und befreiende Wirkung der Lebenserfahrung herbeigeführt wird.

Bei den Erörterungen über Richterausbildung und Vervollkommnung der Rechtspflege verlangt man nach ganzer, starker Persönlichkeit im Richteramt. Gewiß mit Recht. Aber handelt es sich dabei wirklich nur um eine angeborene Anlage des Charakters? Daß die richtige Anlage von Geburt her vorhanden sein muß, ist klar. Die Entfaltung der Anlage kann aber in hohem Grade dadurch erleichtert und gefördert werden, daß die Entwickelung des Jünglings und des heranreifenden jungen Juristen in einer günstigen Umgebung und unter günstigen Einflüssen erfolgt. Vielleicht — und wahrscheinlich — liegt die Sache so, daß ein junger Mann von auch noch so geradem und festem Charakter sich — von seltenen Ausnahmefällen abgesehen — zu einer bedeutenden Richter-Persönlichkeit nicht auswachsen kann, wenn ihm nicht das Glück beschieden ist, daß er sich unter vorteilhaften äußeren Bedingungen entwickeln kann.

Der Richter soll sicher und fest über den Verhältnissen stehen. Sich zu solchem Standpunkt emporzuschwingen, ist aber nicht leicht. Es gehört dazu, daß der

Richter auf denjenigen Lebensgebieten, auf denen er wirkt, so gründlich bewandert ist, daß kein Lebensverhältnis, mit dem er beruflich zu tun bekommt, für sein Verständnis unzugänglich ist. Es ist nicht schwer für den Richter, während der Verhandlung zu verbergen, daß er mit den Verhältnissen wenig Fühlung hat. Er braucht ja nur während der Verhandlung sich im wesentlichen schweigend zu verhalten. Bei der Urteilsabfassung ist es schon schwerer, da der Mangel des Verständnisses für die Grundverhältnisse in den Entscheidungsgründen meist hier und da durchscheinen wird. Aber wenn es auch während des ganzen Prozesses gelingt, den Schein zu wahren, daß der Richter die inbetracht kommenden Lebensverhältnisse genügend beherrsche, so ist doch das kein „über den Verhältnissen stehen“! Dazu muß der Richter sie in Wahrheit beherrschen, d. h., er muß auf seinem Wirkungsfelde soviel Überblick über die tatsächlichen Lebensverhältnisse und soviel Verständnis für dieselben besitzen, daß er, soweit es sich nicht um technische, durch Sachverständige zu begutachtende Dinge handelt, in jedem Einzelfalle, sobald er die Tatsachen erfahren hat, ohne allzu großen Aufwand von Mühe und Zeit den Zusammenhang der Tatsachen aus seiner Lebenserfahrung heraus sich erklären kann. Erst das innere Gefühl, bis zu solchem Verständnis der Lebensverhältnisse vorgedrungen zu sein, gibt die innere Ruhe und Sicherheit, die für den Erfolg der richterlichen Tätigkeit so unendlich wertvoll ist. Diese in dem Bewußtsein der Beherrschung der Grundverhältnisse begründete Sicherheit macht sich für die Rechtsuchenden und die Anwälte deutlich fühlbar. Willig beugt sich in solchem Falle jedermann der von ihm unmittelbar empfundenen Autorität des Richters.

In meiner Erinnerung schwebt mir die mächtige Persönlichkeit eines jetzt verstorbenen hanseatischen Richters vor. Ich kann aber nicht umhin, zugleich auch an den Typus des hohen englischen Richters zu denken. Ich weiß, was ich mit diesem Hinweise wage, denn in weiten juristischen Kreisen Deutschlands wird ein solcher Hinweis gegenwärtig ungünstig beurteilt. Nachdem man während längerer Zeit dem englischen Gerichtsleben sehr lebhafte Beachtung geschenkt hatte, gilt es jetzt vielfach als nicht mehr modern, das zu tun. Mir ist es unsympathisch, mich an solche Strömungen zu kehren. Ich möchte in Kürze ein lehrreiches Erlebnis berichten:

Vor einiger Zeit berieten wir im Beratungszimmer des Gerichts über einen recht schwierigen Fall. Es handelte sich um Warentransporte bestimmter Art von Südamerika nach Europa. Die streitige Frage war auch schon vor auswärtigen Gerichten, und zwar in verschiedenen Staaten, erörtert. Nach Beendigung der Beratung sagt mir der Referent: Es wird Sie interessieren, Herr Kollege, zu hören, daß Sie Ihre Ansicht mit denselben Argumenten verfochten haben, die auch der englische Richter geltend gemacht hat; wollen Sie nicht sein Urteil durchsehen? Dabei reicht er mir ein Zeitungsblatt herüber. Das Referat über das Urteil füllte auf dem Zeitungsblatt großen englischen Formats fast drei Spalten mit engem Druck. Ich überfliege die Spalten und gehe später nachdenklich und etwas betroffen nach Hause. Allerdings hatte der Referent Recht gehabt; die Argumente stimmten in den Hauptpunkten mit den meinigen überein, aber der Unterschied war doch ein ganz enormer. Mag der englische Richter mit seinen schließlichen Folgerungen Recht gehabt haben oder nicht, jedenfalls waren seine Äußerungen getragen von einer stupenden Kenntnis der tatsächen Verhältnisse. Ich konnte mich der Impression nicht erwehren, als ob der Richter — anders als ich — seine Argumente mühelos aus dem Vollen geschöpft hätte. So kann nur ein Mann sprechen, der mit den Lebensverhältnissen, über die er damit urteilt, ganz gründlich vertraut ist. Die ganze Äußerung des Richters hatte dadurch und durch die eigenartig urbane Form, die einen vielfach an den Ausführungen hoher englischer Richter erfreut, einen nachhaltigen Eindruck auf mich gemacht, der mich zur Nacheiferung anspornte. Da las ich am Tage darauf in einer deutschen juristischen Fachzeitschrift eine Bemerkung bitteren Tadels über die häufige Erwähnung des englischen Richters und über „Ausländerei".

Man kann ja die Reaktion gegen dasjenige, was als „Ausländerei" empfunden wird, verstehen, aber es ist doch vor einer solchen Auffassung der Dinge nicht nachdrücklich genug zu warnen. Gegenüber unangenehmen Tatsachen den Kopf wegstecken, hilft nichts. Immer, wenn ich den Eindruck habe, daß bei den Engländern irgend etwas besser als bei uns ist, bereitet mir das eine höchst unangenehme Empfindung, aber nie sage ich, daß ich deshalb nichts von der Sache hören will. Im Gegenteil, der erste und richtige Impuls geht dahin, die Sache zu ergründen und sodann alles erdenkliche dazu beizutragen, daß der Vorsprung der fremden Nation eingeholt werde.*)

*) Es ist für mich sehr wahrscheinlich, daß nicht wenige Leser mir hier innerlich einen Einwand machen werden, der zwar eigentlich gar nicht zur Sache gehört, aber doch geeignet ist, die Überzeugungskraft meiner Worte sehr abzuschwächen. Ich möchte ihm daher im voraus begegnen. Man wird sagen: Der Autor ist ein Hanseat! Die Hanseaten sind immer blasse Kosmopoliten gewesen; sobald von englischer Kultur die Rede ist, sind sie vor-

Wer als deutscher Jurist Verhandlungen in einem der hohen Londoner Gerichtshöfe zuhört, wird sich schwerlich dem Eindrucke entziehen können, daß das richterliche Wirken, das dort stattfindet, zum mindesten in einzelnen Beziehungen, dem Ideal von richterlicher Tätigkeit, das in uns lebt, näher kommt, als dasjenige, was wir in unseren Gerichtssälen zu sehen gewohnt sind. Allerdings ist allbekannt, daß das hohe Niveau, auf dem jene hohen englischen Gerichte stehen, mit einem Nachteil auf anderer Seite erkauft und nur infolge der Mitwirkung von Faktoren, die in Deutschland fehlen, erreicht wird: hohe Kosten, relativ kleine Zahl der Richter, das Fehlen eines Anwaltsstandes im deutschen Sinne des Wortes, die Teilung der Aufgaben unserer Anwälte zwischen Barristers und Solicitors, die Wahl der Richter aus der Zahl der erfahrensten und angesehensten Barristers. Wenn uns aber auch die Gerichtsorganisation und das gerichtliche Verfahren Englands nicht im entferntesten nachahmenswert erscheinen, und wenn auch deswegen an eine Übertragung der einzelnen dortigen Einrichtungen nach Deutschland gar nicht zu denken ist, so bleibt doch das bestehen, daß sich innerhalb jener nicht nachahmenswerten Organisation an einzelnen Stellen ein richterliches Wirken entfaltet, das in bestimmter Hinsicht als sehr hervorragend angesehen werden muß.

---

eingenommen und nicht kompetent. Das war einmal richtig, aber es ist das lange Jahrzehnte her. Die Dinge haben sich inzwischen sehr gewandelt. Heute steht die Sache so, daß in dem großen wirtschaftlichen Ringen der Nationen die Hanseaten Soldaten der wirtschaftlichen Armee ihres Volkes sind. Und mehr als das, sie befinden sich in diesem großen Kampfe in exponierter Stellung, fast immer in Berührung mit dem Feinde. Auf Feldwache und in der Postenkette empfindet man anders und interessiert man sich für die Kräfte des Gegners anders als weit hinten beim Gros.

Handelt es sich darum, das Ideal richterlicher Persönlichkeit und richterlicher Tätigkeit, dem man zustreben will, besser herauszuarbeiten, so ist es allerdings von großem Interesse, wenn irgendwo in der Welt richterliches Wirken in besonderer Vollendung stattfindet, und wenn irgendwo der Richter sich im Besitze einer ganz besonderen Autorität befindet. Wir müssen dann diese Erscheinung studieren, ganz unbekümmert darum, daß es klar ist, daß wir auf denselben Wegen, auf denen man bei der fremden Nation dahin gelangt ist, nicht dahin kommen können und wollen. Wir müssen die Erscheinung studieren, um andere Wege zu suchen, auf denen wir das, was uns an dem Wirken jener englischen Richter gut scheint, auch erreichen können, ohne an demjenigen, was bei uns gut ist, ändern zu müssen, und ohne daß wir von den vielen Dingen, die uns am englischen Gerichtsverfahren schlecht scheinen, etwas zu übernehmen brauchen.

Daß ein Gericht besonders Gutes leisten kann, wenn es aus irgend welchen Gründen möglich ist, die Richterstellen mit besonders klugen Männern zu besetzen, ist selbstverständlich. Wäre aus den englischen Verhältnissen nicht mehr als die Bestätigung dieses selbstverständlichen Satzes zu entnehmen, so wäre so gut wie nichts aus ihnen zu lernen. Darin indessen, daß als Inhaber der richterlichen Ämter an den hohen Gerichten Englands nur besonders begabte Männer wirken, ist die Eigenart des dortigen richterlichen Wirkens nicht, oder doch nur zum geringen Teil begründet. Die Eigenart liegt im wesentlichen darin, daß die Richter der hohen englischen Gerichte überaus lebenserfahrene Männer sind, daß sie eine nach unseren Begriffen gewaltige Autorität gegenüber Anwälten und Bevölkerung besitzen, und daß sie durch das Bewußtsein des Besitzes dieser starken Autorität in den Stand gesetzt sind, in den Verhandlungen und bei ihrer Beurteilung des Falles mit einer Freiheit und Natürlichkeit zu urteilen und sich zu äußern, die wiederum geeignet ist, die Prozeßführung günstig zu beeinflussen und das Vertrauen der Bevölkerung zur Rechtspflege ständig zu nähren. Jene richterlichen Persönlichkeiten bilden gewissermaßen das Gegenbild des bescheidenen, im engen Kreise entwickelten, bureaukratischen Beamten. Die Beschäftigung mit den englischen Verhältnissen hilft uns dazu, besser zu verstehen, wo ein kulturell zu hoher Entwicklung gediehenes und sich rapide weiter entwickelndes Volk wie das unsrige die Quellen für die Kräftigung der Autorität seiner Richter zu suchen hat. Ein pflichttreuer Richter, der stets in engbegrenztem Kreise dahingelebt hatte, konnte vielleicht vor Jahren hohe Autorität, sogar auch in einer betriebsamen Stadt des deutschen Westens, genießen. Heute mag es in kleinen Städten ländlicher Distrikte auch noch ähnlich bestellt sein. Aber wo die Kultur eine weiter entwickelte ist, da vermag der Mann des praktischen Erwerbslebens zu solchen Persönlichkeiten nicht mehr das Vertrauen zu hegen, daß sie imstande sein werden, seine Lebensinteressen zu verstehen und die Konflikte, die das heutige Leben und Treiben bringt, verständnisvoll zu schlichten und zu entscheiden. Ein Richter jener Art wird kaum fühlen, daß er hinter seiner Zeit zurückbleibt. Er wird nicht empfinden, daß auch die vollendetste Kenntnis des Rechts seine Unkenntnis des Lebens nicht gutmachen und den Rechtsuchenden, die die Lebensunkenntnis durchfühlen, kein Vertrauen einflößen kann. So entsteht jene Kluft zwischen dem Bedürfnisse der Bevölkerung und den Leistungen der

Rechtspflege, die für viele hochgebildete, ernste Männer des wirtschaftlichen Lebens ein Gegenstand der Sorge ist.

Verdrossenheit herrscht in beiden Lagern. Im Lager der Juristen hören viele mit Befremden, wie mehr und mehr Beschwerden über die Kluft zwischen den Anforderungen des Lebens und den Leistungen der Gerichte laut werden. Eine große Schar hilft sich noch mit dem Troste, daß das nur die Unzufriedenen seien, die es zu allen Zeiten gegeben habe. Diese Juristen ärgern sich über die Unzufriedenen. Sie wissen garnicht, was die Leute eigentlich wollen. Eingesponnen in ihre Ideenwelt, merken sie nicht, daß sie bei der raschen Entwickelung der Verhältnisse ungeachtet rastloser wissenschaftlicher Arbeit doch allmählich in die Arriere-Garde geraten.

Auf der anderen Seite, im Lager von Handel und Industrie, gibt es eine noch viel größere Schar von Verdrossenen. Man trägt dort schwer an dem Bewußtsein, daß man über seine wichtigsten Lebensinteressen oft von Leuten entscheiden lassen muß, die man für brave, fleißige, gelehrte Männer hält, denen man aber durchaus nicht die Kraft und sogar nicht einmal den Willen zutraut, in das Verständnis jener Lebensverhältnisse tief einzudringen.

Wenn ich von dem großen Haufen der Gleichgültigen absehe, steht dann weiter zwischen jenen beiden radikalen Gruppen als dritte Gruppe diejenige der Optimisten. Sie sehen die Kluft und kennen die Gefahr ihrer Verbreiterung. Aber sie sind überzeugt, daß die Kluft sich verengern oder gar schließen läßt, wenn man sich nur aus der bequemen Ruhe aufrafft und von dem Glauben abläßt, daß es, weil es „immer so gewesen sei“, auch ohne Gefahr so weitergehen könne. Zu diesen Optimisten gehöre ich, und deswegen kämpfe ich dafür, daß wir uns an den Gedanken gewöhnen, daß der treue, wackere, einseitige Beamte, der das Leben nur aus engbegrenztem Verkehr und aus seinen Amtsgeschäften kennen gelernt hat, ein Typus ist, der für die Zukunft nicht mehr geeignet ist, den hohen Aufgaben des Richterberufs voll gerecht zu werden.

Ich zweifle garnicht daran, daß mancher in ehrenvollem Dienste ergraute, hochverdiente Richter aus einer der östlichen Provinzen, wenn er diese Zeilen lesen wird, Unwillen empfinden wird. Von Grund aus verstehe ich das. Aber ich halte die Kulturunterschiede in Deutschland für groß, und ich glaube, daß mit dem Unterschiede der Kultur mächtige Unterschiede in dem, was vom Richter verlangt werden muß, unabänderlich verbunden sind. Einem Juristen, der den Richterberuf ehrt und der die Erhaltung der richterlichen Autorität geradezu als eine Existenzfrage für die heutige bürgerliche Gesellschaft ansieht, tut es in der Seele weh, wenn er aus dem Munde von ruhigen, erfahrenen Männern der Handelswelt, denen die Autorität der Staatsgerichte so am Herzen liegt, wie nur irgend einem Richter, Außerungen hört, die eine tiefe Verzagtheit verraten, ob denn in den deutschen Juristen die Kraft steckt, den Bedürfnissen der Zeit gerecht zu werden.

Die Typen richterlicher Persönlichkeit, die ich abgelehnt habe, sind sämtlich Typen von Richtern, die persönlich die höchste Achtung verdienen. Viele so geartete Männer haben in der Vergangenheit Großes geleistet. Und ich hege keinen Zweifel, daß viele von ihnen auch in der Gegenwart an geeigneter Stelle Gutes und sogar Vortreffliches leisten. Auch bis in eine entlegene Zukunft wird es immer noch begrenzte Aufgabenkreise geben, innerhalb deren so geartete Richter-Persönlichkeiten eine Stätte zu rühmlichem Wirken finden werden. Aber wenn wir uns ehrlich Rechenschaft geben, welchem Idealtypus wir zuzustreben haben, wo also das Ziel liegt, das dafür bestimmend sein muß, welche Wege wir bei der Richterausbildung einzuschlagen haben, dann können wir es nicht ändern: wir müssen jene drei bisher behandelten Typen ablehnen.

* * *

Am Anfange meiner Ausführungen habe ich der Hoffnung Ausdruck gegeben, daß bei kritischer Betrachtung der einzelnen Typen, die man ablehnen müsse, die Züge des echten Ideals richterlicher Persönlichkeit wie von selber sichtbar werden würden. Ich hoffe, daß das in der Tat geschehen ist. Ich hoffe, daß für jeden Leser das Bild des Mannes von festem Charakter, von menschenfreundlichem Sinn, von gutem juristischen Fachwissen, von reicher Lebenserfahrung, von großzügigem Wesen und stolzer innerer Freiheit, wie es mir als Ideal vorschwebt, deutlich hervorgetreten ist. Es tut nicht immer gut, Idealbilder direkt mit Worten genauer beschreiben zu wollen. Oft tritt uns das Idealbild bei der Bekämpfung dessen, was nicht gut ist, besser und lebendiger vor das geistige Auge als bei einer — leicht pedantisch anmutenden — systematischen Besprechung einer Reihe vortrefflicher Eigenschaften. Ich lasse es bei dem Gesagten bewenden.

II. Ueber die Aufgaben des Richters.

Erforschung des Tatbestandes und Verwertung des „Rechtsempfindens" bei der Urteilsfindung.

Es ist eine altbekannte Tatsache, daß ältere Richter,*) die in ihrem Bezirke den Ruf eines hervorragenden Richters genießen, sehr oft — vielleicht darf ich sagen: in der Regel — in ihrem Berufe so zu verfahren pflegen, daß sie bei gründlicher Aufklärung des tatsächlichen Sachverhalts die Tatsachen, die sich vor ihnen aufrollen, frei und, ohne dabei von vornherein über bestimmte Einzelvorschriften des Gesetzes nachzudenken, auf sich wirken lassen. Es formt sich dann bei ihnen allmählich, wie von selber, bezüglich wichtiger Punkte, unter Umständen auch schon bezüglich des ganzen Prozesses, ein bestimmtes Empfinden, auf welcher Seite das Recht und auf welcher das Unrecht liegt. Nach erlangter Übersicht über die Tatsachen und beherrscht

*) Leider vermag ich in den folgenden Ausführungen nicht gleichmäßig Erfahrungen aus den Gebieten der Anwendung des Zivilrechts und des Kriminalrechts zu verwerten, weil es mir an dazu ausreichender praktischer Erfahrung auf dem kriminalistischen Gebiete fehlt. Ich müßte daher im folgenden eigentlich statt „Richter" immer „Zivilrichter" und statt „Gericht" immer „Zivilgericht" sagen. Ich unterlasse das, weil die Darstellung durch fortwährendes Betonen der Tatsache, daß ich überwiegend aus der zivilrechtlichen Praxis schöpfe, schleppend werden würde, und da der Leser auch ohne immer erneuerten Hinweis das bemerken wird.

von diesem Rechtsempfinden, das ihnen als Leitstern dient, treten sie dann an das gründliche Studium der in Betracht kommenden Rechtsfragen heran. Ergibt sich jetzt ausnahmsweise, daß die Einzelvorschriften des Gesetzes zu dem ersten Rechtsempfinden nicht passen, so kann es geschehen, daß die Beschäftigung mit jenen Vorschriften und der Frage ihrer Anwendbarkeit einen Fehler in der ersten Vorstellung aufdeckt, so daß dann wieder Übereinstimmung zwischen Rechtsempfinden und Rechtsvorschriften hergestellt ist. Es kann auch geschehen, daß diese Übereinstimmung nicht erreicht wird. Dann entschließt sich ein Richter jener Art schweren Herzens, gegen sein Rechtsempfinden nach Maßgabe des Gesetzes zu entscheiden.

Ganz zweifellos wird von vielen Juristen dieses Verfahren, bei dem ein „Empfinden" eine bedeutsame Rolle spielt, als regelwidrig angesehen. Solange ich studierte, habe ich von einem solchen Verfahren nie gehört. Ich zweifle nicht daran, daß die Kunde von einem solchen Verhalten mich damals wie etwas mit der Klarheit des Rechts Unvereinbares und wie etwas Unwissenschaftliches angemutet haben würde. Als ich vor vielen Jahren zuerst von einem klugen und ehrwürdigen Praktiker hörte, daß er ganz unbedenklich und bewußt so, und nicht anders, handle, hielt ich das für eine geistreiche Äußerung, die zur Hälfte Wahrheit, zur Hälfte Scherz enthalte. Ganz sicherlich steht die große Masse der jüngeren Juristen nicht anders zu dieser Frage. Man meint, der ältere Jurist dürfe sich schon solche Freiheiten erlauben, im Ernste lasse sich aber die Intervention von „Rechtsempfindungen" bei der scharf logischen Verstandestätigkeit des Urteilens im Prozesse unmöglich rechtfertigen.

Neuerdings hat Ernst Fuchs eine Methode des Urteilens, bei der dem Rechtsempfinden bis zu einem gewissen Grade ein Einfluß eingeräumt wird, ohne daß das in den Entscheidungsgründen ausgesprochen wird, als die „kryptosoziologische" Methode bezeichnet. Ich fürchte, daß dadurch bei der Mehrzahl der Juristen die Bedenken gegen jene Art des Urteilens erfahrener Richter sich noch verstärkt haben werden. Denn „soziologisch" will die gewaltige Mehrheit nicht urteilen, sondern durchaus nach Maßgabe dessen, was die gesetzgebenden Faktoren zum Gesetz gemacht haben. Man will daher auch nicht etwa im Geheimen „soziologisch" urteilen.

Auch ich bin kein Freund des Gedankens der „soziologischen" Rechtsprechung, und doch halte ich jene vorher von mir skizzierte Art der Rechtsprechung manches klugen erfahrenen Richters für nicht nur erlaubt, sondern sogar für die richtigere, edlere Form der Rechtsprechung. Dann muß sich aber ihre Zulässigkeit und Richtigkeit auch mit deutlichen Argumenten vertreten lassen. Es ist nützlich, dieser Frage weiter nachzugehen und dem Werdegange eines solchen Urteils sowie den Kräften, die bei solcher Urteilsfindung in Aktion treten, nachzuspüren. Ich glaube, daß die Klärung jener Frage geeignet ist, ein helles Streiflicht auf bestimmte Voraussetzungen einer guten Rechtsprechung überhaupt zu werfen, und es eröffnet sich hier nach meiner Ansicht auch eine Pforte, die ein weiteres Eindringen in die Fragen der Richterausbildung ermöglicht.*)

* * *

*) In meiner Auffassung über die Urteilsfindung glaube ich mit den Anschauungen Düringers (Richter und Rechtsprechung, Leipzig 1909) im wesentlichen übereinzustimmen. Ich verweise insbesondere auf Düringers Ausführungen dortselbst S. 7 und 8.

Nach der Meinung der großen Menge soll die Vereinigung von klarem Verstand mit gründlicher Kenntnis aller prozeßrechtlichen Vorschriften vollkommen ausreichen, den Richter zur Erforschung der Tatsachen in den Stand zu setzen. Man stelle sich einen solchen Fall in Reinkultur vor, wie er natürlich in Wirklichkeit nicht vorkommt: Ein ausgezeichnet veranlagter junger Mann sei in klösterlicher Abgeschiedenheit erzogen. Alles, was Lebenserfahrung schafft, ist ihm vorenthalten. Er hat wenig Verkehr gehabt, er hat keine Zeitungen und keine Romane gelesen; die Erziehung entsprach der Gymnasialerziehung, aber der Unterricht im deutschen Aufsatz — ein Fach, das Zuführung von Lebenserfahrung ermöglicht — war schlecht. Auf der Universität hat der junge Mann alle juristischen Collegia und auch Nationalökonomie gehört, desgleichen hat er an den vorgeschriebenen Übungen teilgenommen, dem praktischen Leben aber ist er nach wie vor ferngehalten. Er beherrscht jetzt die für das erste Examen in Betracht kommenden Gebiete genügend und das Prozeßrecht vorzüglich. Was für eine Rolle wird dieser kluge, rechtsgelehrte junge Mann nach dem ersten juristischen Examen spielen? Er wird völlig außer Stande sein, aus demjenigen, was er im Einzelfalle im Gerichtssaale hört, ein der Wirklichkeit entsprechendes lebendiges Bild von den Tatsachen zu gewinnen. Sobald man sich einen so krassen Fall vorstellt, liegt der Grund, warum Verstand und Rechtskenntnis niemals zur Tatbestandsermittlung ausreichen, auf der Hand.

Für den Richter, der sich ein lebenswahres Bild von dem Geschehenen zu gestalten hat, liefern die prozeßrechtlichen Vorschriften nur das äußere Handwerkszeug. Was ihm in den hergebrachten Formen des Prozesses vorgetragen wird, oder was er bei einer formell korrekten Zeugenvernehmung hört, ist nur zusammenhangloses Stückwerk, solange diese einzelnen Bruchstücke nicht durch die beim Richter vorhandene Lebenserfahrung verbunden und belebt werden. Wenn ein Kaufmann vor mir von Debetposten, Kapitalkonto und Saldo spricht und ich von Buchführung nichts gehört habe, ist das, was er mir auseinandersetzt, für mich leerer Schall. Wenn ich im Ehescheidungsstreit zwischen Eheleuten aus dem Arbeiterstande höre, daß der Mann gegen seine Frau zu drei und vier Malen recht rauhe Worte gebraucht hat, und ich nichts von dem Tone weiß, in dem Leute solcher Bildungsstufe miteinander zu verkehren pflegen, so mache ich mir ein völlig schiefes Bild von jener Ehe. Wenn eine Mietesache wenig bemittelter Leute verhandelt wird und der Richter keine Ahnung davon hat, wie es in den Wohnungen von Leuten solcher Stände aussieht, oder wenn über einen Schiffszusammenstoß verhandelt wird und der Richter nur eine dunkle Vorstellung von der Art solcher Schiffe hat, so wird eben jede Möglichkeit für den Richter fehlen, sich aus dem Gehörten ein richtiges Bild zu machen, auf Grund dessen er zu einem gerechten Urteil gelangen kann. Bei der Vielgestaltigkeit der Lebensverhältnisse muß der Richter schon über ein ganz gewaltiges Erfahrungsmaterial verfügen, wenn er imstande sein will, aus dem relativ dürftigen Material, das ihm im Prozesse zugeführt wird, sich ein brauchbares Bild von den Verhältnissen, über die er urteilen soll, zu formen. Fehlt es an Lebenserfahrung, so ist der Richter in der Lage eines Photographen, der bei größter Sorgfalt und trotz guter Beleuchtung doch kein gutes Bild erhalten kann, weil er in seinem Apparat eine schlechte Platte hat, die zu guter Aufnahme des Bildes nicht tauglich ist.

Und weiter, damit der Richter in komplizierter Sache tief in das Tatsachenmaterial eindringen und ein richtiges Bild von den Tatsachen gewinnen kann, genügt es nicht einmal, daß er gesunden Menschenverstand besitzt und über ein gewaltiges von Kindheit auf angesammeltes Erfahrungsmaterial verfügt. Er bedarf dazu auch eines geordneten, zu ordnender Tätigkeit befähigten Geistes. Dazu ist eine besondere Schulung des Verstandes erforderlich, auf deren Art und Notwendigkeit ich hier mit einigen Worten näher eingehen möchte.

Wenn an uns ein schwieriger verwickelter Prozeßstoff herangetragen wird, können wir das Tatsachenmaterial nicht ungeordnet, bruchstückweise, in uns aufnehmen. Wir können bei der Aufnahme des Tatsachenmaterials nicht so verfahren, daß wir gewissermaßen jeden Baustein, der zum Gebäude herangebracht wird, zuerst auf einen unordentlichen Haufen werfen, um erst später mit der Auslese und Ordnung zu beginnen. So zu verfahren, ist unmöglich, denn dazu reicht Auffassungs- und Erinnerungsvermögen sterblicher Menschen nicht aus. Es muß vielmehr schon sofort beim Hören und Lesen die sichtende, ordnende Tätigkeit des Geistes einsetzen. Der erfahrene Richter bemüht sich, jeden Baustein möglichst sogleich an den richtigen Ort zu legen, um so auf die schnellste Art Ordnung in den Bau zu bringen. Die Schulung des Geistes zu solcher Tätigkeit ist die logisch-formale Bildung, die wir überwiegend dem Studium der Sprache der Römer und des Rechtes der Römer verdanken.

Ich sehe die logisch-formale Schulung des Verstandes als etwas für den Juristen absolut notwendiges an. Das wird mich nicht abhalten, nachher das Übermaß solcher Schulung zu bekämpfen und dafür einzutreten, daß ihr eine Vorherrschaft nicht eingeräumt werde. Ich habe mit zwei Fronten zu fechten: Gegen die Angreifer der formalen Bildung und gegen die zu eifrigen Verehrer derselben. An dieser Stelle wende ich mich nur gegen ihre Angreifer.

Daß jener logisch-formalen Bildung ein solcher Wert beizumessen sei, wird heutzutage bekanntlich vielfach bestritten. Viele halten es für unbeweisbar und glauben, daß die Behauptung eines solchen Wertes im Grunde nur eine Phrase sei. Demgegenüber kann ich sagen, daß ich zu meiner Überzeugung nicht im Wege theoretischer Spekulation, sondern auf durchaus empirischem Wege gekommen bin. In reichem Maße habe ich Gelegenheit gehabt, in Verwaltungsbehörden, in parlamentarischen Ausschüssen und in Vereinen mit Nichtjuristen zusammenzuwirken. Es ist mir dann immer von ganz besonderem Interesse gewesen, die Wirksamkeit der Juristen und Nichtjuristen vergleichend zu beobachten. Werden Dinge erörtert, die in das spezielle Berufsgebiet des Nichtjuristen fallen, so fühlt sich dieser dem Juristen höchlichst überlegen; die Ansicht des letzteren ist ihm von verhältnismäßig geringer Bedeutung. Werden Verhältnisse besprochen, die dem Berufe sowohl des nichtjuristischen Mitgliedes wie des Juristen fernliegen und welche sie beide nur von Hörensagen kennen, so ist keine Überlegenheit des Juristen fühlbar. Kaum aber liegt die Sache so, daß die Behörde, der Ausschuß, der Vereinsvorstand damit beschäftigt ist, Tatsachenmaterial, das herangeschafft wird, aufzunehmen, zu sichten, zu verarbeiten, so macht sich eine starke Überlegenheit der Juristen bemerkbar. Die Nichtjuristen empfinden dann so sehr den Nutzen der logisch-formalen Ausbildung der Juristen, sie finden, daß den Juristen die sichtende, ordnende Tätigkeit so viel leichter wird, daß es in der Regel als ein ohne weiteres den Juristen obliegendes nobile officium angesehen wird, daß sie in erster Linie sich den inbetracht kommenden Mühen unterziehen. Es wird auch allbekannt sein, daß, wenn von mehreren Herren einer ein Protokoll führen muß, fast immer einer der anwesenden Juristen mit dieser Aufgabe beglückt wird. Überaus häufig hört man Kaufleute darüber klagen, daß an ihrer Erziehung etwas versehen sei, da ihnen die Fähigkeit abgehe, so, wie es die Juristen könnten, ihre Gedanken klar und logisch geordnet zum Ausdruck zu bringen. Es ist der Mangel der logisch-formalen Bildung, der von ihnen so schwer empfunden wird. Vielfach wird neuerdings die Ansicht vertreten, daß der Unterricht in Mathematik und Naturwissenschaften ebenso wie das Studium des Lateinischen und der Pandekten geeignet sei, zum logischen Denken zu erziehen. Es mag sein, daß der Satz, so abstrakt ausgesprochen, richtig ist. Aber es macht für die Betätigung des logischen Denkens praktisch einen gewaltigen Unterschied, ob man sein Denkvermögen beim Anhören und Beurteilen eines Plaidoyers im Gericht oder bei der Konstruktion einer Maschine in Anwendung zu bringen hat. Wird der Geist durch Übungen in einer fremden Sprache und im Rechtsstudium zu logischem Denken erzogen, so arbeitet und spielt er bei diesen Übungen mit Begriffen, die sich auf das Wollen und Handeln der Menschen beziehen; dem Schüler wird die logische Handhabung eben derjenigen Begriffe vertraut und geläufig, mit denen der Jurist fort und fort zu arbeiten hat. Der Geist arbeitet dabei in anderen Bahnen als bei der Lösung mathematischer Aufgaben und bei dem Studium physikalischer, chemischer oder biologischer Probleme. Ich halte es für einen argen Trugschluß, wenn man meint, es sei für die praktische Verwendbarkeit einerlei, auf welchem Gebiete man sich im logischen Denken übe, wenn man nur irgendwie logisch denken lerne.

Es ist hier von dem geistigen Rüstzeug die Rede, mit dem der tüchtige Richter an die Erforschung des Tatbestandes herantritt. Als solches Rüstzeug habe ich die Lebenserfahrung des Richters und die Schulung seines Verstandes zu geordnetem und ordnendem Denken angeführt und besprochen. Ich habe als eines dritten wichtigen Rüstzeugs der Durchbildung des Richters in den Grundzügen des materiellen Rechts zu gedenken. Dieser Gedanke kann auf den ersten Blick auffallend erscheinen. Es liegt nahe, zu fragen, was denn die Kenntnis des materiellen Rechts mit der Erforschung des Tatbestands zu tun habe, denn mit Recht sieht man es als einen Fehler an, wenn der Richter die Anwendung bestimmter Gesetzesparagraphen bereits erwägt, bevor er noch von dem tatsächlichen Sachverhalt in seiner Totalität Kenntnis erlangt hat. Es ist aber nicht diese bewußte Erwägung der anzuwendenden Rechtsbestimmungen, die ich hier im Auge habe. Ich denke an die Tatsache, daß wir Hunderte und Aberhunderte von Rechtsgedanken uns mit der Zeit so assimiliert haben, daß sie gewissermaßen in unser Wesen aufgegangen sind. Alle diese Rechtsgedanken verwerten wir unbewußt schon bei der ordnenden Geistestätigkeit, die wir üben, während wir das Tatsachenmaterial aufnehmen. Begriffe wie guter Glaube, Schuld, Vertrag, Forderung, unerlaubte Handlung, Besitz, Eigentum, Ehe, Kindesverhältnis, Erbschaft sind für den jungen Mann schon vor dem Studium bekannte Begriffe gewesen. Das Rechtsstudium hat für ihn diese Begriffe geweitet und näher bestimmt. Ein jeder ist für ihn zum Rahmen einer ganzen Gruppe von

Rechtsgedanken geworden. Vieles davon hat er so in sich verarbeitet, daß es ein Stück von ihm geworden ist. Er wendet es an, ohne es zu wissen; genau ebenso, wie er seine Lebenserfahrungen meist unbewußt verwertet.

Nimmt der tüchtige Richter die Tatsachen des Einzelfalles hörend, fragend, forschend in sich auf, so funktionieren bei ihm Lebenserfahrung, formale Verstandesbildung und juristisches Wissen in unlösbarer Einheit. Als Folge des Wirkens dieser Faktoren stellt sich bei dem Richter, ohne daß er es ändern kann, wie aus elementarer Ursache, gleichzeitig schon ein Eindruck bezüglich der Rechtslage ein. In dem einen Punkte scheint ihm die eine Partei, in dem anderen die andere Partei Recht zu haben. Wir sprechen dann, da eine bewußte Rechtsanwendung nicht stattfindet, von einem „Rechtsempfinden" oder „Rechtsgefühl". Dieses Rechtsempfinden hat danach seine Quellen in der Lebenserfahrung des Richters, in seinem geschulten Denken und in den grundlegenden Rechtsanschauungen, die der durchgebildete Jurist aus dem Rechte seines Volkes in sich aufgenommen hat. Was wir in solchem Falle als Rechtsempfinden bezeichnen, ist in Wahrheit nichts anderes als ein summarisches Urteil, das nach erlangtem Überblicke über die Totalität der Umstände des Falls, auf Grund der Lebenserfahrung des Richters und auf Grund jener vom Richter aus dem geltenden Rechte aufgenommenen Grundanschauungen ohne bewußte Überlegung der einzelnen in Betracht kommenden Gesetzesbestimmungen gewonnen ist.*)

*) Bei meinen die Psychologie der richterlichen Tätigkeit berührenden Ausführungen muß ich natürlich das Wesentliche hervorheben und darf ich mich nicht in Einzelheiten verlieren. Daher habe ich die Caesur

Es liegt auf der Hand, daß ein so geartetes Rechtsempfinden für die Urteilsfindung von sehr bedeutendem Werte sein muß. Bei der Wertung der Tatsachen wird hier ihre Totalität umfaßt, und es werden auch die Imponderabilien mit gewertet, die nachher bei der Überlegung der Einzelheiten so leicht beiseite gelassen werden. Ferner wird hier noch zwischen „wesentlich" und „unwesentlich" nach dem frischen, lebendigen ersten Eindrucke geschieden, der nachher bei der Einzelarbeit leicht verblaßt. Die rechtliche Würdigung der Tatsachen erfolgt nach Maßgabe der grundlegenden Anschauungen des Rechts, ohne daß noch die Welt der Spezialvorschriften herangezogen wird. Das „Rechtsempfinden" des durchgebildeten Juristen ist daher immer ein Urteil aus dem „Geiste der Rechtsordnung" und damit ein höchst bedeutsamer Anhalt für die Entscheidung von Zweifeln bei der nachherigen Anwendung von Spezialvorschriften und bei der Erwägung, ob etwa im Einzelfall eine analoge Rechtsanwendung geboten erscheine. Dieses Rechtsempfinden ist weiter insofern von ganz unschätzbarem Wert als Korrektiv bei der eigentlichen Urteilsfindung, als bei Nichtübereinstimmung desselben mit den Ergebnissen des nachherigen ersten Versuches eigentlicher Urteilsfindung der Richter zu einer gründlichen Revision der rechtlichen Erwägungen angetrieben wird, bei welcher sich dann nicht selten heraus-

übergangen, die das Verfahren im Zivilprozeß erfährt, wenn eine Beweisaufnahme anzuordnen ist und angeordnet wird. Ich hoffe, nicht dem schweren Mißverständnisse ausgesetzt zu sein, als hätte ich sagen wollen, ein erfahrener Richter pflege immer ohne Beweisaufnahme oder vor der Beweisaufnahme schon zu einem Empfinden darüber zu gelangen, wer wohl schließlich Recht haben werde. Ein solcher Gedanke stände zu meiner Auffassung im diametralen Gegensatze, da ich ja gerade der tiefsten Ergründung der Tatsachen das Wort rede.

stellt, daß ein Umstand übersehen oder nicht genügend berücksichtigt war. Das führt dann zu einer Wendung der Entscheidung.

Das „Rechtsempfinden" des juristisch durchgebildeten Richters ist danach ein gar nicht hoch genug einzuschätzendes Hülfsmittel bei der Urteilsfindung. Es liegt in diesen Erwägungen die volle Rechtfertigung jener Methode des Urteilens mancher hervorragender, erfahrener Richter, die darin besteht, daß sie bei der Erforschung des Tatbestandes die Tatsachen im Lichte ihrer Erfahrung frei auf sich wirken lassen und dann, beherrscht von ihrem „Rechtsempfinden", dessen sie sich bewußt als eines Leitsterns bedienen, an das Detailstudium der besonderen inbetracht kommenden rechtlichen Fragen herantreten.

Benutzung von Kommentaren und Vorentscheidungen. Ziele der Zivilrechtspflege. Der staatsrechtliche Grundgedanke der Aufgabe des Zivilrichters.

Für die Gestaltung der Berufstätigkeit der jungen Richter und für ihre Auffassung der richterlichen Aufgaben ist die Entwicklung von großer Bedeutung geworden, die in den letzten zehn Jahren die Kommentarliteratur und die Veröffentlichung von Spruchsammlungen erfahren hat. Das Verhältnis der Kommentarliteratur und der Spruchsammlungen zur richterlichen Tätigkeit scheint mir in hohem Maße der Erörterung wert.

Ich stehe unter dem Eindrucke, daß die Entwicklung der Kommentarliteratur und der Spruchsammlungen in Deutschland zu einer Art von tragischem Konflikte in der

Rechtswissenschaft zu führen droht. Nach der Entstehung unserer modernen großen Kodifikationen entsprachen die ersten Kommentare einem geradezu dringenden Bedürfnisse der Praxis. Seit ihrem Erscheinen wurde dann ein ungeheures Maß von Geistesarbeit auf die weitere Kommentierung der großen Gesetze verwendet. Bewundernd steht man vor den gewaltigen Werken, die die Auslegung unserer großen Gesetze zum Gegenstande haben. Mit einer Schärfe der Begriffsbestimmung, der Unterscheidungen und der Sprache, die über das früher Gekannte weit hinausgeht, und unter Heranziehung einer riesigen Judikatur und Literatur, ist von einer ganzen Schar vorzüglicher Juristen mit großartiger Hingebung gearbeitet worden. Der Einblick in einen großen neuen Kommentar läßt sogar den Unkundigen die Größe der geleisteten Arbeit sofort erkennen. Und dabei hat sich mir in der Praxis von Jahr zu Jahr stärker die Besorgnis aufgedrängt, daß diese Entwicklung unserer Kommentarliteratur zusammen mit derjenigen der Spruchsammlungen im Begriffe ist, der Rechtspflege zum Unsegen zu werden. Ist diese Besorgnis in der Tat begründet, so ist man wohl berechtigt, von einem tragischen Konflikte zu reden.

Zunächst bin ich der Meinung, daß die heutige Kommentarbenutzung und die heutige Benutzung von Vorentscheidungen den Richter bei der wichtigen Aufgabe des Eindringens in das Verständnis der Tatsachen zu stören und ihm den Blick für die wirklichen Verhältnisse, über die er urteilen soll, zu trüben geeignet ist. Wenn Kommentare und Vorentscheidungen von dem jungen Praktiker erst dann herangezogen würden, wenn der Sachverhalt vollständig ergründet ist, würde die Gefahr nicht so groß sein. In der Praxis sieht es aber anders aus. Der Kommentar und die Spruchsammlung sind für viele die ständigen Gehülfen. Mit der Gedankenarbeit des Eindringens in den Tatbestand wird zugleich auch schon das spezielle Rechtsstudium für die Sache aufgenommen. Der Kommentar und die Spruchsammlung geleiten den jungen Richter auch schon bei der Ergründung der Tatsachen. Dabei ist dann die Gefahr sehr groß, daß der Richter bei der Auffassung der Tatsachen unmerklich durch die Benutzung jener Hilfsmittel von der richtigen Gedankenbahn abgeleitet wird.

Es ist für mich auffallend, daß die einfache psychologische Wahrheit so wenig gewürdigt wird, daß es für Menschen, die nicht ganz außergewöhnlich begabt sind, schwer ist, zwei Tatbestände, die nur um ein geringes von einander verschieden sind, in Gedanken auch nnr wenige Minuten lang neben einander zu verfolgen, ohne beide durcheinander zu bringen. Beim Aufnehmen des Tatsachenmaterials ist man ja noch unsicher. Erst allmählich, und zunächst nur in unsicheren Umrissen, formt sich das Bild der Sachlage. Im Kommentar und in der Spruchsammlung findet man Beispiele, die nahe verwandte Tatbestände bringen. Folgt man einige Minuten dem Gedankengange, den ein Beispiel des Kommentars oder das Beispiel der Vorentscheidung eröffnet, so ist man, ohne es zu wissen, schon hinüber gezogen. Das Bild der Tatsachen war noch zu unsicher, als daß die vorhandene Abweichung zum Bewußtsein kommen konnte. Nun ist man im falschen Geleise und hängt in diesem fest. Anfangs eng nebeneinander laufend, nur um eine Schattierung verschieden, trennen sich nun die Wege mehr und mehr. Daß man an einer Stelle der Erwägungen einen wenn auch nur um eine Idee unrichtigen Tatbestand eingeschoben hat, führt Schritt für Schritt zu immer mehr abweichenden Konsequenzen und schließlich zu einer falschen Entscheidung.

Es ist schwer, so subtile Vorgänge des Denkens richtig zu schildern. Die Schilderung klingt leicht grob und übertrieben, weil es sich in Wahrheit um flüchtige, mit blitzähnlicher Schnelligkeit sich vollziehende Gedankenprozesse handelt, die uns gar nicht zu deutlichem Bewußtsein kommen. Beobachtet man aber an einem Anderen aufmerksam die Wirkung, die das einige Minuten lang währende Einsehen des Kommentars oder einer Vorentscheidung auf seine Anschauung von den Tatsachen des verhandelten Falles äußert, so kann man sich häufig des Eindrucks nicht erwehren, daß der Kommentarleser plötzlich eine etwas bestimmtere Vorstellung von den Tatsachen gewonnen hat, obwohl er doch eigentlich unmöglich in dem Kommentar eine Belehrung über die Tatsachen des Falls hat finden können. Es ist auch nicht mit rechten Dingen zugegangen. Der Kommentar oder die Vorentscheidung hat ihn ohne sein Wissen in eine vorgezeichnete feste Gedankenbahn hineingezwungen. Er urteilt jetzt juristisch richtig über einen Tatbestand; leider ist es nur ein Tatbestand, der mit der Wirklichkeit nicht übereinstimmt.

Meine Bedenken gegen die gebräuchliche Benutzung der Kommentare und gegen starke Benutzung von Vorentscheidungen liegen in meiner Auffassung von den wichtigsten Aufgaben des Richters tief begründet. Wenn der Richter, ausgerüstet mit Erfahrung und mit den Rechtsanschauungen, die sein eigen geworden sind, versuchen soll, in das Verständnis der Tatsachen und tatsächlichen Zusammenhänge einzudringen, so handelt es sich gewissermaßen um ein geistiges Tasten und Herausfühlen. Dazu bedarf es der vollen Konzentration des

Geistes auf diese Aufgabe. Man kann den menschlichen Geist in der Erfüllung einer solchen Aufgabe kaum empfindlicher stören und lähmen als dadurch, daß man ihm das fertige Bild eines anderen, schon ohne weiteres klarliegenden Falles vorhält, das möglicherweise genau übereinstimmt, möglicherweise aber auch nur nahe verwandt ist.

Man denke nicht, daß ich hier Finessen erörtere, die im praktischen Rechtsleben nur selten von Bedeutung würden. Es liegt nun einmal im Rechtsleben nicht anders, als daß geringe Unterschiede im Tatbestande oft die Entscheidung maßgebend beeinflussen. Wenn der Maler vor dem fast fertigen Porträt steht und nun mit wenigen feinen Pinselstrichen am Auge oder am Munde ändert, so wird dadurch nicht selten der ganze Ausdruck ein anderer. Nicht anders geht es im Rechtsleben. Wird ein winziger Umstand hinzugetragen oder fortgenommen, so genügt das oft, die ganze Entscheidung herumzuwenden.

Es ist zweckmäßig, sich in diesem Zusammenhange zu vergegenwärtigen, wie wichtig die Verhütung einer schematisierenden Behandlung der Tatsachen auch schon deshalb ist, weil die Sachen schon ohnehin in stark zurechtgestutzter Form an das Gericht herangetragen werden. Es ist eine bekannte Erscheinung, daß dem Gerichte meist nur Ausschnitte aus dem wirklichen Sachverhalt zur Kenntnis gelangen. Nach den Eindrücken, die ich in der Praxis, namentlich auch in früheren Jahren als Anwalt gewonnen habe, ist der wirkliche Sachverhalt, besonders in Handelssachen, oft so bunt, daß es gar nicht möglich ist, alles, was bezüglich der Angelegenheit gesprochen, geschrieben, getan ist, zu reproduzieren, wenn man nicht zu Aufwendungen an Zeit und Geld kommen will, die zu der Angelegenheit in gar keinem Verhältnis stehen. So schneidet denn der Klient, wenn er dem Anwalte schreibt oder ihm die Sache mündlich vorträgt, schon eine große Menge von dem Tatbestande herunter. Er läßt fort, was er für unwesentlich hält, um die Sache zu vereinfachen. Der Anwalt nimmt eine weitere Reduzierung vor, indem er die Klageschrift schreibt und die Sache dem Gerichte vorträgt. Was an das Gericht herankommt, ist der Rest, der übrig geblieben ist. Unendlich oft wird es vorkommen, daß so Einzelumstände dem Gerichte nicht zur Kenntnis gelangen, die das Gesamtbild für das Gericht total verändern würden. Die Partei oder der Anwalt hat dann eben die Wichtigkeit nicht erkannt. So kommt es, daß das Gericht oft über Tatbestände zu entscheiden hat, die in Wahrheit fiktive Tatbestände sind. Dem Praktiker ist dieser unvermeidliche Mangel der Rechtspflege so vertraut, daß er sich gar nicht mehr besonders darüber verwundert, wenn krasse Mißgeschicke solcher Art nachträglich durch Zufall bekannt werden. Aus der letzten Zeit meiner eigenen Berufstätigkeit erinnere ich mich zweier solcher Fälle. In dem einen Falle hatte das Berufungsgericht vergeblich auf Vervollständigung der vorgelegten Korrespondenz durch den Kläger gedrungen. Die Klage wurde in zweiter und letzter Instanz abgewiesen. In einem späteren anderen Prozesse gegen einen anderen Gegner kamen dann weitere Briefe zum Vorschein, deren Inhalt dem Kläger in jenem endgültig verlorenen Prozesse zu sicherem Siege verholfen hätte, wenn sie damals vorgelegt wären. Entweder die Partei oder der Anwalt hatte damals die Briefe für unwichtig gehalten. Das Gericht hatte über einen Tatbestand entschieden, der zur Wirklichkeit ganz und gar nicht stimmte. In einem anderen sehr bedeutenden Rechtsfalle waren beide Parteien über eine bestimmte Tatsache einig. Übrigens wurde jener Tatsache zunächst nur geringe Beachtung geschenkt. In dritter Instanz hob das Reichsgericht das Urteil der Vorinstanz auf und wies die Sache an die Vorinstanz zurück. Das Reichsgericht hatte jener einzelnen unstreitigen Tatsache erhebliche Bedeutung beigelegt. Bei der weiteren Behandlung der Sache beschäftigten sich beide Parteien näher mit jener Tatsache, und es fand sich, daß dieselbe nur aus Versehen behauptet und zugestanden war. Die Tatsache hatte sich in Wahrheit nie ereignet. Beide Parteien waren wiederum einig, und zwar nun darüber, daß die Tatsachen ganz anders lagen. Man mußte wieder von vorn anfangen und sah, daß man bis in die dritte Instanz über einen Tatbestand prozessiert hatte, den es in Wahrheit gar nicht gab.

Die Notwendigkeit, die Sachen für die gerichtliche Behandlung zu aptieren, übt eine stark schematisierende Wirkung aus. Daran läßt sich nichts ändern. Wohl aber ist es Sache des Richters, sich des schematisierenden Elements in den Parteidarstellungen immer bewußt zu sein. Er soll mit Feingefühl die Lücken und Differenzen bemerken, die erkennen lassen, daß die Sache doch nicht so einfach liegen kann und offenbar auf das einfache Schema doch nicht paßt. Er soll zäh daran festhalten, daß für ihn das Bild der Tatsachen in ihrer Totalität das wichtigste ist. In diesem Widerstreit gegen die unwahre Schematisierung ist ihm der Kommentar und die Vorentscheidung eine schlechte Hilfe. Auch durch sie wird er unbewußt zur Schematisierung hingedrängt. Die beiden schematisierenden Einflüsse addieren sich!

So meine ich, daß zwischen dem Mangel an Lebenswahrheit in den gerichtlichen Entscheidungen, über den so viel geklagt wird, und der für die Erhaltung des Vertrauens in die Leistungsfähigkeit der Gerichte so überaus schädlich ist, einerseits, und der reichlichen Benutzung von Kommentaren und Vorentscheidungen andererseits sehr wohl ein gewisser Zusammenhang bestehen kann.

* * *

Und ich bin damit noch nicht am Ende. Ich schreite sogar vom minder wichtigen zum wichtigeren fort. Mehr Sorge noch bereitet mir die Tatsache, daß das Studium der Kommentare und Vorentscheidungen den Richter vom Interesse für die Tatsachen abzieht und ihn leicht verführt, sich bei seiner richterlichen Tätigkeit im juristischen Detail zu verlieren. Ich glaube nicht, daß es im Regelfall für einen Juristen, welchem das Studium des die Begriffe mit äußerster Genauigkeit analysierenden modernen Kommentars und die Vergleichung zahlreicher Lehrmeinungen über die Auslegung einer Gesetzesstelle eine besonders liebe Arbeit ist, leicht sein wird, sich die Fähigkeit zu bewahren, mit großzügigem Sinn die Bedürfnisse und Lebensinteressen der Menschen, die in Streit geraten sind, von Grund aus zu verstehen und den hohen Aufgaben praktischer Rechtspflege in den Untergerichten voll gerecht zu werden. Daß ein außergewöhnlich begabter Jurist einmal nach beiden Richtungen Ausgezeichnetes leisten kann, will ich gewiß nicht bestreiten. Es ist aber unpraktisch, mit Ausnahmefällen zu rechnen.

Ich bin hier an einem recht wichtigen Punkte angelangt. Bei der Entscheidung des Streites von Menschen, die im Treiben des Erwerbslebens in Konflikt geraten sind und von den richterlichen Organen des Staates

Entscheidung begehren, ist die richtige Auslegung einer Gesetzesstelle nicht Selbstzweck. Der Gerichtssaal ist kein Laboratorium für Gesetzesanwendung. Der Richter hat bei der Abwägung der Entscheidung und bei der Abfassung der Entscheidungsgründe höhere und wichtigere Pflichten als diejenigen, ein Auslegungsproblem zu lösen*). Es ist die Pflicht und Schuldigkeit des Richters, der vor einer wichtigen Entscheidung steht, daß er sich in diesem Momente in erster Linie als Repräsentant des Staates fühlt, der, gestützt auf die Machtmittel des Staates, Ordnung zu schaffen hat zwischen zwei streitenden Staatsbürgern. Nicht als einen Gelehrten, der wissenschaftlich tätig ist, sondern als Repräsentanten der Staatsgewalt sehen ihn die streitenden Teile an, die auf seine Entscheidung harren; und sie haben ein Recht darauf, daß der Richter in diesem Augenblicke seine volle und ungeteilte Kraft jener hohen, ihm vom Staate anvertrauten Aufgabe des Richtens zwischen zwei Menschen widme. So sieht der Nichtjurist in dem Augenblicke, da er einen Richterspruch begehrt, die Aufgabe des Richters an.

Nun vergegenwärtige man sich, wie es auf die Menschen, die über wichtigste Lebensinteressen streiten und auf den Spruch des Richters harren, wirken muß, wenn sie im Urteile wenig über ihren wirklichen Streit und um so mehr über die Auslegung irgend einer kontroversen Bestimmung, sei es des Prozeßrechts, sei es des materiellen Rechts, finden, und zwar reichlich ausgestattet mit Zitaten aus Büchern und Urteilen. Der Zivilrechts-

*) Ich bemerke, daß die Verhältnisse beim Reichsgerichte besonders liegen, da die Hinwirkung auf Gleichheit der Rechtsprechung in Deutschland zu seinen vornehmsten Aufgaben gehört. Im Texte spreche ich von den Aufgaben der ungeheuren Mehrzahl der an den Untergerichten wirkenden Richter. Auch bei den Untergerichten kann ausnahmsweise die Sache anders liegen. Es ist der Regelfall, den ich behandele.

jurist, der nicht fühlt, daß in solchem Falle in der Rechtspflege etwas unvollkommen und schief ist, dem fehlt nach meiner Überzeugung das richtige Gefühl für das, was der Staat dem Staatsbürger zu leisten hat und was der Staatsbürger vom Staat zu beanspruchen hat. Ihm fehlt das volle Empfinden für die Stellung des Richters im Staat.

Die Gestaltung unserer Rechtspflege erklärt sich historisch. Dem gelehrten Juristen aus der Zeit der Rezeption des römischen Rechts und seinen Nachfolgern in den nächsten Jahrhunderten lag der Gedanke an einen Rechtsanspruch des Einzelnen an den Staat auf Rechtsschutz noch gänzlich fern. Aus der geschichtlichen Entwickelung der staatlichen Verhältnisse, der Rechtswissenschaft und der Rechtspflege in Deutschland heraus ist es leicht verständlich, daß noch heutzutage ein großer Teil der jungen Juristen in der Vorstellung aufwächst, es sei die Lebensaufgabe des Zivilrichters, als Jünger der Rechtswissenschaft die Kunst der Rechtsanwendung zu praktizieren. Diese Vorstellung, die nach meiner Beobachtung in vielen Juristen wirksam ist, hat ihren Boden in staatlichen Verhältnissen, die der Vergangenheit angehören. Die Entwickelung des Staatslebens ist vorwärts geschritten. Die Idee, daß der einzelne Staatsbürger Anspruch an seinen Staat auf Rechtsschutzgewährung hat, ist in den Einzelnen lebendig geworden. Man frage nur irgend einen beliebigen Staatsbürger, der in heller Empörung über ein Unrecht, das ihm seiner Ansicht nach von dem Nachbar oder von dem bisherigen Geschäftsfreunde zugefügt ist, sich bereitet, die Gerichte anzurufen. Man frage ihn, ob er meint, daß er vom Staate verlangen könne, daß ihm mit den Machtmitteln des Staates gegen den Übeltäter geholfen werde. Keiner wird in solcher Lage auch nur begreifen, daß darüber ein Zweifel sein könne, und daß ein vernünftiger Mensch danach überhaupt noch fragen könne. Die Theorie des modernen Staatsrechts, die den publizistischen Rechtsschutzanspruch des einzelnen anerkennt, steht nicht allein mit der Wirklichkeit des heutigen Lebens im Staate im Einklang, sondern sie ist sogar der unmittelbare Ausdruck dessen, was jeder gebildete Nichtjurist in diesem Punkte heutzutage als selbstverständlich empfindet*). Den Rechtsschutzanspruch des einzelnen muß der Staat befriedigen. Der Richter ist sein Repräsentant, dem als solchem die Erfüllung der staatlichen Pflicht übertragen ist. Das muß das Leitmotiv seines Handelns sein!

Aus dem Dargelegten ergeben sich wichtige Konsequenzen. Es ergibt sich, daß jede Einschiebung anderer Zwecke in die zivilrichterliche Tätigkeit unzulässig ist, sobald die Möglichkeit vorliegt, daß die gleichzeitige Verfolgung dieser anderen Zwecke den Erfolg der eigentlichen richterlichen Tätigkeit beeinträchtigen könnte, und auch nur den Richter hindern könnte, auf jenem seinem eigensten Gebiete möglichst Großes zu leisten. Leistet ein Richter, der nichts sein will als ein guter Richter, und dem alle besonderen wissenschaftlichen Nebenabsichten fernliegen, Hervorragendes in der Ergründung und Würdigung der Verkehrserscheinungen seines Bezirks, so wird er dadurch, ohne es irgendwie zu beabsichtigen,

---

*) Ich sehe hier von den Kontroversen über den Rechtsschutzanspruch im Zivilprozeß gänzlich ab. Ich denke mit Jellinek (System der subjektiven öffentlichen Rechte, zweite Auflage, S. 125):" . . . . . da an der staatlichen Pflicht, auf Verlangen der Beteiligten im Interesse des Rechtsschutzes tätig zu werden, kein Zweifel möglich ist. Dieser individuelle Anspruch hat durch Art. 77 der Reichsverfassung seine reichsrechtliche Sanktion erhalten." Vgl. die Literatur-Übersicht bei Jellinek, ebendort.

dem beobachtenden Manne der Wissenschaft reiche Quellen der Erkenntnis erschließen, und sein Wirken wird auf diesem indirekten Wege in hohem Maße der Förderung der Wissenschaft nützlich sein.

Ganz anders denke ich über die Tätigkeit des Richters, der sich erst dann in seinem wahren Elemente fühlt, wenn es gilt, schwierige Stellen der modernen großen Gesetze auszulegen und diese Aufgabe unter Benutzung des ganzen Rüstzeugs juristischer Technik und juristischer Literatur und Judikatur anzugreifen. Ich bin überzeugt, daß vielen Hunderten von deutschen Juristen diese wissenschaftlich gefärbte Arbeit die schönste Berufsfreude ist, und daß sie ihre tägliche Berufsarbeit dadurch geadelt fühlen, daß sie bei derselben mit vollem Bewußtsein als Diener der Wissenschaft für wissenschaftliche Zwecke arbeiten und schreiben. Die Worte, die ich gewählt habe, werden dem Leser beweisen, wie sehr ich die idealen Motive dieser Männer würdige, und wie hoch ich sie als Menschen einschätze. Aber ich habe kein Vertrauen darauf, daß diese Art im Richterberufe Großes zu leisten vermag.

Man muß sich hüten, die Beweglichkeit des menschlichen Geistes zu überschätzen. Nur ganz außergewöhnlich geartete Menschen sind imstande, je nach dem Bedürfnisse des Tages gewissermaßen den inneren Menschen zu wechseln, d. h. heute ihr Denken in ganz anderen Bahnen sich vollziehen zu lassen, als sie es gestern taten und übermorgen wieder tun werden. Man kann seine Denkfähigkeit und Denkart in Monaten und Jahren verwandeln, aber nicht absichtlich von Stunde zu Stunde. Der Jurist, für den die scharf logische, spitzige, die Begriffe bald spaltende, bald scharf umreißende Denkweise, die so vielfach in der modernen Auslegung unserer großen

Gesetze waltet, zu einem Teile seines eigenen Wesens geworden ist, — dieser Jurist wird jene Denkweise nicht nur am Schreibtisch bei der Ausarbeitung eines Urteils, sondern er wird sie auch außerhalb der Studierstube verwenden, also auch im Gerichtssaal, während er die Tatsachen in sich aufnimmt, und auch sonst, wenn er seine Beobachtungen in der Alltagswelt macht und sich sein Erfahrungsmaterial ansammelt. Diese abstrakt logische Denkweise ist nicht gut, wenn es gilt, menschliches Handeln und menschliche Verhältnisse richtig zu begreifen und zu würdigen*).

Es ist ganz merkwürdig, daß die Wissenschaft von Recht und Unrecht — und das soll doch die Rechtswissenschaft sein — sich so wenig mit der Frage befaßt, wie der Geist dessen, der Recht sprechen soll, tätig sein muß, damit er die Tatsachen, auf Grund deren er urteilen soll, wahrheitsgemäß erfasse.

Wie in der Natur das menschliche Auge die Gegenstände nicht mit vollkommen scharfen Konturen sieht, so haben auch in der Wirklichkeit des Lebens die Motive der Menschen und ihr Wollen und Handeln fast niemals klare, harte Umrisse. So spitz und logisch geartete Geister, wie man sie unter den Juristen findet, wird man im Treiben des gewerblichen Lebens selten antreffen, denn solchen Naturen würde es dort im allgemeinen schlecht ergehen. Das Wollen und Handeln im Alltagsleben ist meist weit von vollkommener Klarheit und Konsequenz entfernt. Bunt treiben die Motive durcheinander. Fast immer findet in Wahrheit ein Zusammenwirken mannigfaltig gearteter Antriebe statt, so

*) Ich bemerke hier, daß m. E. geniale Menschen vorkommen, von denen das oben Ausgeführte nicht gilt, die also über beide Register verfügen. Aber das Genie ist wenigen Sterblichen verliehen!

daß ein Zurückführen einer menschlichen Handlung auf bestimmte Motive fast niemals ohne ein Beiseitelassen zahlreicher minder wichtiger mitwirkender Antriebe möglich ist. Zu einem vollständigen Durchdenken dessen, was man will, fehlt es in der Hast des Erwerbslebens fast immer an Zeit und innerer Sammlung. Wenn im Gerichtssaale der als Partei oder Zeuge vor dem Richtertisch stehende Mann genau sagen soll, was er eigentlich gewollt hat, und dann, wenn ihm der Unterschied verschiedener Möglichkeiten klar gemacht ist, sich gequält mit seinen Antworten hin und her windet, so ist der jugendliche, logisch geschulte Richter geneigt, ihn für böswillig zu halten. In Wahrheit war der Mann niemals zu solcher Bestimmtheit des Willens gelangt, daß er jetzt wahrheitsgemäß angeben könnte, daß er damals das eine oder das andere gewollt habe. Im Leben der Menschen haben eben ihre Motive und Handlungen in Wahrheit auch meist unbestimmte, verschwimmende Konturen. Der Grad dieser Unbestimmtheit wird durch die geistige Atmosphäre, in der sich die Handlungen vollziehen, stark beeinflußt. Der auf tieferer Bildungsstufe stehende Mann hat in der Regel weniger scharf zu denken gelernt als der besser gebildete. Motive und Wollen pflegen daher im Leben der weniger bemittelten Stände minder scharf ausgestaltet zu sein als im Leben der gebildeten Schichten.

Diese Unsicherheit und schillernde Unbestimmtheit ist also in den Motiven und im Wollen der Menschen tatsächlich vorhanden. Die Motive und Entschließungen der Menschen lassen sich daher nur in der Weise wirklich verstehen und richtig würdigen, daß man ein schwankendes Bild in der Totalität der Erscheinungen begreift und erfaßt. Dazu bedarf es anderer Hilfsmittel als des scharf logischen Denkens und der Fähigkeit zu genauem Analysieren der Begriffe. Die Bilder, die unter Anwendung solcher Hilfsmittel gewonnen werden, sind gegen die Wirklichkeit gewöhnlich etwas verzerrt. Man fühlt sich an die Werke der Momentphotographie erinnert, wie sie den Lauf des Pferdes in seinen einzelnen Phasen wiedergibt. Die Wahrheit im Menschenleben läßt sich mit einem Verstande, der wie ein Präzisionsinstrument arbeitet, nicht ergründen. Um die Handlungen der Menschen, die aus ihrem Seelenleben entspringen, zu verstehen, braucht man selber eine fühlende Seele. Man muß fühlen können, wie der Mensch fühlt, der als Partei oder Zeuge vor einem steht. Der kalte logische Verstand ohne die Mitwirkung angeborenen und durch das Leben geläuterten Feingefühls wird den Richter bei der Ergründung der Tatsachen gar oft im Stiche lassen.

Humani nil a me alienum puto! Das ist das Wort, das der Richter bewahrheiten muß, wenn er ein guter Richter sein will. Wer das von sich sagen kann, wird meist mit denjenigen Männern, die Virtuosen der scharf logischen Argumentation sind, nicht sonderlich gut harmonieren. Das Feingefühl für die unendlichen Schattierungen und weichen Übergänge zwischen den einzelnen Lebenserscheinungen bedarf der Übung, um zu gedeihen. Es wird abgestumpft durch stete Bevorzugung hart logischer Gedankenarbeit. Ich habe lange Gelegenheit gehabt, im Assessorexamen zu examinieren. Vor nicht langer Zeit las ich eine Prüfungsarbeit über einen praktischen Fall, die ich mit „gut" zensieren zu müssen glaubte, obwohl ich sie eigentlich für ein bedauerliches Elaborat hielt. Das klingt paradox, erklärt sich aber sehr einfach. Die Arbeit war ein Musterstück von Logik,

Geduld und Fleiß, und sie war ohne einen eigentlichen Fehler. Wo nur die Möglichkeit eines Auslegungszweifels aufzutreiben gewesen war, hatte der Autor die Kommentare, Monographien und Präjudikate herbeigeschafft und nun alle Außerungen exzerpiert, verglichen, weiter ausgelegt und nun wieder verglichen. Man durfte, so wie heute die Anschauungen über wissenschaftliche juristische Arbeit liegen, dem jungen Manne, der bestimmte von mir weniger hoch gehaltene Methoden mit Virtuosität ausübte, das Prädikat „gut" nicht vorenthalten. Und dabei konnte ich mich bei der Lektüre dieser in gewisser Weise mustergültigen Arbeit des Eindrucks nicht erwehren: Der Mann ist für die Aufgabe, ein wirklich guter Richter zu sein, eigentlich verbildet! Ein Mann, der so arbeiten kann, wird kaum imstande sein, seine Denkart abzustreifen wie ein Kleid, wenn er die frischen Erscheinungen des Lebens in sich aufnehmen und würdigen soll.

* * *

Ich bin weiter der Meinung, daß die Befürchtung begründet ist, daß durch die Einwirkung der großen Kommentare und der zahlreichen Spruchsammlungen in die Rechtsprechung der Untergerichte ein starrer, trockener Zug hineingetragen wird. Der Kommentar und die Vorentscheidung nehmen dem Praktiker einen großen Teil des Nachdenkens über die Meinung des Gesetzes ab. Man vergegenwärtige sich nur, wie in der Praxis nachgeschlagen und zitiert wird. Viele benutzen das, was der von ihnen täglich gebrauchte Kommentar sagt, als wäre es ein Gesetz. So häuft sich für sie de facto die Masse der positiven Vorschriften ins Ungeheure. Zu der großen Zahl der Paragraphen kommt für sie eine noch größere Zahl fester Vorschriften hinzu, die sie für sich aus Kommentaren und Vorentscheidungen entnommen und ihrem Gedächtnisse eingeprägt haben.

Es liegt auf der Hand, daß bei solcher Entwicklung die Rechtsprechung der Untergerichte Gefahr läuft, viel von der Elastizität einzubüßen, die sie nach den Anforderungen des praktischen Lebens sowohl, als auch nach denjenigen der Wissenschaft haben soll. Der Richter ist nach meinem Empfinden heutzutage durch die Masse der Paragraphen in seiner Entscheidung schon mehr als genug eingeengt. Wie soll der junge Richter die doch unbestreitbar notwendige Fähigkeit erlangen und bewahren, selbständig aus dem Gesetze heraus die zur Individualität des Falles richtig abgestimmte Entscheidung zu finden, wenn er sich auf Schritt und Tritt durch Kommentaransichten und Vorentscheidungen eingeengt fühlt. Ich meine daher, daß man den jungen Richtern auf das wärmste ans Herz legen muß, sich angesichts der Menge der vorhandenen Kommentare und Spruchsammlungen stets der Pflicht selbständiger Erwägung der Beziehungen zwischen Gesetz und Einzelfall bewußt zu bleiben.

Die Psychologie als Gehülfin des Richters in der Praxis.

Der Richter soll in seiner Berufstätigkeit fort und fort Anlehnung und Stütze bei der Wissenschaft suchen. Aufgabe der Wissenschaft ist es, alles und jedes in den Bereich ihrer forschenden und aufklärenden Arbeit zu ziehen, was irgendwie von grundsätzlicher Bedeutung für die Rechtspflege sein kann.

Unter den Gebildeten der Nation sind die in naturwissenschaftlichem Denken geschulten Männer in rascher Zunahme begriffen. Die Rechtswissenschaft muß sich daher gefallen lassen, daß ihre Methoden mehr und mehr auch vom Standpunkte des naturwissenschaftlich geschulten Mannes beobachtet und kritisiert werden. Von diesem Standpunkte gesehen, zeigt der heutige Aufbau der Rechtswissenschaft eine eigenartige Erscheinung, die sofort deutlich hervortritt, wenn man mit dem Aufbau der Rechtswissenschaft etwa denjenigen der medizinischen Wissenschaft vergleicht. Dem naturwissenschaftlich geschulten Manne erscheint es völlig selbstverständlich, daß die Therapie im Gebäude der medizinischen Wissenschaft gewissermaßen ein oberes Stockwerk bilden muß, und daß diese Disziplin mit Notwendigkeit den Unterbau der Anatomie, Physiologie und Pathologie voraussetzt. Unmöglich kann die Wissenschaft sich mit der Heilung von Krankheiten befassen, ohne zugleich die Anatomie des Körpers, die Lebenserscheinungen des gesunden Körpers, und die Krankheitserscheinungen selbst zum Gegenstande des Forschens zu machen. Zu solcher Denkweise paßt die Organisation der Forschungsarbeit der Juristen nicht sonderlich!

Man kann recht gut sagen, daß Streitfälle kranke Fälle des menschlichen Verkehrslebens seien, und daß den Anwälten, die die Streitenden zu beraten haben, und dem Staate, der unter den Streitenden auf Anrufen Ordnung zu schaffen habe, im Einzelfalle die Ausübung einer Art von Therapie obliege. Der Prozeß würde den zentralen Teil dieser Art von Therapie bilden. Wie sieht es aber in der juristischen wissenschaftlichen Arbeit mit dem Unterbau aus? Den Unterbau bildet das materielle Recht, also der Inbegriff der staatlichen Normen, die das Verhalten der Menschen regeln. Aber das ist doch nur ein Stück des notwendigen Unterbaus! Wenn man im Streite zweier Menschen Ordnung schaffen will, muß man doch vor allem den Streit selbst verstehen. Es genügt also nicht, die staatlichen Normen zu kennen, die das Verhalten der Menschen regeln, sondern nicht minder notwendig ist das Verständnis für die inneren Antriebe, die das Verhalten der Menschen bestimmen. Die Psychologie des Handelns im Verkehr muß den Unterbau ergänzen.

Die Kunst, die Streitigkeiten der Menschen nach Maßgabe der materiellen staatlichen Normen zu entscheiden, erfordert also neben der Kenntnis der Normen nicht minder gründliches Verständnis für das Handeln der Menschen im Verkehr. Wenn es einen Mann gäbe, der, mit naturwissenschaftlicher Bildung ausgerüstet, durch Zufall niemals etwas von der geschichtlichen Entwickelung der Rechtswissenschaft und der Ordnung des juristischen Studiums gehört hätte, so würde es ihm vermutlich selbstverständlich erscheinen, daß die Psychologie des Handelns im Verkehr ein sehr wesentlicher Teil der Rechtswissenschaft sein müsse. Eine Rechtswissenschaft ohne diese Disziplin würde ihn etwa anmuten wie eine medizinische Wissenschaft, in der an der Stelle der Physiologie eine breite Lücke gähnte. — Ich weiß wohl, daß und warum dieser Vergleich hinkt. Aber auch hinkende Vergleiche sind oft geeignet, eine leichtere Verständigung zu ermöglichen. — Niemand wird heutzutage noch daran denken, daß es möglich wäre, über die Heilung von Krankheiten zu forschen, ohne daß diese Forschungen sich auf der Wissenschaft von den Lebensprozessen im Körper aufbauen. Wunderlich ist es demgegenüber, daß man so wenig Anstoß daran nimmt, daß man die Entscheidung der menschlichen Streitigkeiten wissenschaftlich behandelt, ohne doch diese Forschungen ganz wesentlich mit auf die wissenschaftliche Erforschung der psychologischen Erscheinungen im Verkehr und speziell im Erwerbsleben zu stützen.

Daß man in der Praxis, um bei der Entscheidung der Rechtsstreitigkeiten Gutes leisten zu können, eine nicht geringe psychologische Erfahrung besitzen muß, ist wohl unbestritten. Es wird kaum jemand wagen, anzuzweifeln, daß ein Richter und ein Anwalt, um Gutes zu leisten, sehr viel darüber gelernt haben muß, wie die Menschen im Verkehr in bestimmten typischen Lebenslagen zu denken und zu handeln pflegen, welche Motive sie dabei zu bestimmen pflegen, und welche typischen Unterschiede dabei im Denken und Handeln der Angehörigen verschiedener Stände und Berufe zu beachten sind. Aber nur klein ist die Zahl derer, die es schmerzlich empfinden, daß dieses große und für eine gute Rechtspflege so unendlich wichtige Wissensgebiet fast nur von den Praktikern beackert wird. Jeder muß sich selber im Wege persönlicher Erfahrung die Kenntnisse, die hier erforderlich sind, verschaffen. Die Rechtswissenschaft steht — von einzelnen Ausnahmen abgesehen — ziemlich kühl beiseite. Und weil so viele Juristen so wenig Gelegenheit haben, das wirkliche Verkehrsleben der Menschen, wie es im Einzelfalle pulsiert, von vielen Seiten gründlich kennen zu lernen, so ist eben unserer Rechtswissenschaft jener Zug eigen, der so breite Schichten unserer merkantilen und industriellen Welt befremdet und mit Sorge hinsichtlich der Leistungsfähigkeit der in dieser Wissenschaft aufgewachsenen Praktiker erfüllt.

Wir können uns einen hervorragenden Mann der medizinischen Wissenschaft, dem nicht die Lebensprozesse des Körpers vertraut wären, und der nicht während langer Perioden seines Lebens am Krankenbett die Erscheinungen der Wirklichkeit unmittelbar wahrgenommen hätte, überhaupt garnicht mehr vorstellen. Es wird nur in ganz besonders gelagerten Ausnahmefällen vorkommen können, daß ein angesehener Mediziner eine Arbeit über Lebens- oder Krankheitsprozesse veröffentlicht, die er nie selber beobachtet hat. Auf dem Gebiete der Rechtswissenschaft machen wir bescheidenere Ansprüche. Ich bitte meine juristischen Kollegen, die Literatur und Judikatur über die Anfechtung innerhalb und außerhalb des Konkurses vor ihrem geistigen Auge Revue passieren zu lassen. Wir wissen, welche Bedeutung auf diesem Gebiete die Benachteiligungsabsicht hat. Ich wage, die Vermutung zu äußern, daß unter den Autoren aller jener wissenschaftlichen Arbeiten und Urteile nicht wenige sich befunden haben, die nie Gelegenheit gehabt haben, eine lebendige Anschauung davon zu gewinnen, wie denn eigentlich im wirklichen Leben, lange bevor von irgend einem Streit die Rede ist, dann, wenn ein Geschäftsmann in finanzielle Bedrängnis geraten ist, die Verhältnisse für den Schuldner und für den Gläubiger sich ansehen, und welche Erwägungen und Absichten dann überaus häufig eine hervorragende Rolle spielen. Ich halte für sehr wohl möglich, daß mir an jener Literatur und Judikatur bis auf den heutigen Tag nichts besonderes aufgefallen wäre, wenn ich nicht eine längere Periode meines Lebens Anwalt gewesen wäre. Als ich aber als junger Anwalt zuerst genötigt war, in Fällen, in denen ein Geschäftsmann um seine Existenz ringt, in dem einen Falle dem bedrängten Schuldner, in dem anderen Falle dem Gläubiger, der in Besorgnis um sein gutes Geld ist, mit meinem beruflichen Rate zur Seite zu stehen und dabei nun die Erwägungen und Absichten bald auf der einen, bald auf der anderen Seite mit zu durchleben, geriet ich allmählich in eine Art von Bestürzung über die Kluft, die nach meinen damaligen Eindrücken zwischen Wissenschaft und Lebenswirklichkeiten klaffte. Es handelte sich dabei übrigens auch nicht im entferntesten um sentimentale Regungen des Mitleids mit dem armen Schuldner. Ich konnte mich des Eindrucks nicht erwehren, daß man es in Wissenschaft und Judikatur auf jenem Gebiete mit einer Gedankenwelt zu tun hatte, die zur Wirklichkeit gar nicht paßte. Zu dem frischen, tatenmutigen Geist, der im Handel, wie er sein soll, lebt, zu dem zähen, nicht leicht entmutigten Sinn, mit dem der in Bedrängnis geratene Kaufmann alle Kräfte anspannt, um sich wieder herauszuarbeiten, und andererseits zu der festen und rücksichtslosen Energie, mit der der Kaufmann in der Rolle des Gläubigers sein Recht verfolgen darf und soll, paßte der in Wissenschaft und Judikatur herrschende Geist des Verdachts und der Ängstlichkeit, ob man nichts Böses gegen irgend einen dritten im Schilde geführt habe, so wenig, daß die Kenntnis der Literatur und Judikatur bei der Raterteilung geradezu lähmend wirkte. Im praktischen Einzelfalle bäumte sich das frische Rechtsgefühl und Billigkeitsgefühl vergeblich gegen die Konsequenzen auf, zu denen die Denkweise in Wissenschaft und Judikatur drängte. Die Konsequenzen schienen mir volkswirtschaftlich und ethisch gleich unbefriedigend. Nach meiner Meinung fehlte es am lebendigen Verstehen des Denkens und Handelns in jenen Lebenslagen. Viele von jenen Autoren hatten sicherlich die meisten Fälle immer nur rückblickend, im später entstandenen Streit, oder vom Standpunkte des Konkursverwalters oder Konkursgerichts aus kennen gelernt.

Ich möchte diese Art der Erforschung mit derjenigen eines Arztes vergleichen, der die Krankheit, ohne den Krankheitsprozeß beobachtet zu haben, nur aus dem Ergebnisse des Sektionsbefundes und den Schilderungen der Angehörigen heraus beurteilen muß. Mir schienen danach in Wissenschaft und Judikatur auf dem Gebiete des Anfechtungsrechts durchaus unzulängliche Vorstellungen von den psychologisben Erscheinungen der Wirklichkeit zu herrschen. Wenn ich nicht sehr irre, ist es übrigens in neuerer Zeit damit besser geworden. Ich habe ein Beispiel gewählt, das an Verhältnisse anknüpft, die jetzt im wesentlichen der Vergangenheit angehören.

Nun wird man mir antworten, die Erscheinungen des Denkens und Wollens der Menschen im Verkehr könnten immer nur Gegenstand der persönlichen Erfahrung des einzelnen sein. Für eine wissenschaftliche Behandlung, die nicht rein spekulativer Art sein solle, seien jene Erscheinungen unzugänglich. Das kann ich nicht einsehen. Wie der Leser meiner Ausführungen bereits weiß, betrachte ich es als für jeden Juristen notwendig, daß er ein reiches Material persönlicher praktischer Erfahrung in sich ansammelt. Das schließt aber nicht aus, daß jene Dinge zugleich Gegenstand wissenschaftlicher Behandlung sein können, und daß dieselbe großen praktischen Segen bringen könnte. Richtig ist, daß es für einen jungen Gelehrten, also beispielsweise einen Privatdozenten an einer deutschen Universität, sehr schwer ist, nutzbare Studien auf dem Gebiete der Psychologie des Handelns im Erwerbsleben zu machen. Schon für den jungen Nationalökonomen ist es schwer, statt in literarisch vorgezeichneten Bahnen, selbständig im Wege der Erkundung im praktischen Verkehrsleben zu arbeiten. Ist ein junger Nationalökonom auch etliche Monate im Betriebe einer großen Bank beschäftigt, so wird er es im allgemeinen doch schwierig finden, über die Feststellung und Schilderung der äußeren Formen und Erscheinungen hinaus bis zur Aufdeckung der tiefer verborgenen treibenden Kräfte und der inneren wesentlichen Zusammenhänge vorzudringen. Und wieviel schwerer ist es da, zum Verständnis der psychologischen Erscheinungen im gewerblichen Verkehr der einzelnen Menschen zu gelangen! Aber die Erkenntnis der Schwierigkeit der Aufgabe berechtigt ganz gewiß nicht zu der pessimistischen Ansicht, daß die Materie wissenschaftlicher Erforschung überhaupt unzugänglich sei.

Ich hüte mich davor, hier etwa den Versuch zu machen, ein Schema der Probleme aufzustellen oder auch nur anzudeuten, um deren Beantwortung es sich in erster Linie handeln könnte. Der Entwurf eines solchen Schemas würde viel Arbeit erfordern, und mit der Aufstellung eines solchen würde schon viel gewonnen sein. Nur auf ein einziges besonders wichtiges Kapitel als Beispiel möchte ich hindeuten. Die Kapitelüberschrift hätte etwa zu lauten: „Über den Egoismus und die Subjektivität des Denkens im Handel". Die vornehm objektive, stark altruistisch gefärbte Denkart, der wir bei so manchem deutschen Gelehrten und Beamten und in so manchem deutschen Offizierskreise begegnen, hat im rauhen Getriebe des Handels keine Stätte. Man trifft wohl auch im Handel hie und da einen Menschen von sensitiver Art und altruistischer Sinnesrichtung. Es wird wohl kaum jemals etwas Ordentliches aus einem so gearteten jungen Kaufmanne. Um sich im Kampfe ums Dasein zu behaupten und durchzusetzen, braucht der im Erwerbsleben stehende Mann einen gesunden kräftigen Egoismus. Beide Denkarten, die des Gelehrten und Offiziers und die des Gewerbtreibenden, sind voll berechtigt. Der Gewerbtreibende mit seiner Denkart ist seinem Volke und Staate ebenso notwendig und wichtig wie der Mann der Wissenschaft. Keine Gruppe hat Grund, die Denkart der anderen gering zu schätzen. Und doch ist in der wirklichen Welt das Verständnis, das die eine Art der anderen entgegenbringt, nur verhältnismäßig gering, und die Folgen dieses mangelnden Verständnisses machen sich in der Rechtspflege fühlbar. Der junge Jurist, der als Jünger seiner Wissenschaft in die Praxis eintritt, ist oft zunächst ganz außerstande, das Handeln des Kaufmanns richtig zu würdigen. Nicht klein wird die Zahl der Richter sein, die zwar den Geist des Handels und des Geldverdienens als etwas in der Welt nun einmal Nötiges bei anderen hinnehmen und gelten lassen, ja sogar bis zu einem gewissen Grade würdigen, innerlich aber dabei doch von dem Gefühle der Superiorität ihrer eigenen vornehmen Denkart erfüllt sind und bis an ihr Lebensende das Empfinden einer gewissen inneren Repulsion gegen alles, was Geldverdienen heißt, nicht los werden. Diese Männer können meines Erachtens als Richter bei der Würdigung der Handlungen der im Erwerbsleben stehenden Menschen ihrer Aufgabe nur sehr schwer bis zur vollen Höhe gerecht werden, denn es fehlt ihnen überhaupt der richtige Schlüssel zum Verständnis. Die Art des Kaufmanns psychologisch zu ergründen und denjenigen Männern verständlich zu machen, welche die Rechtspflege im Staate ausüben sollen, halte ich für eine hohe und edle wissenschaftliche Aufgabe. Ihre Lösung könnte bedeutenden praktischen Nutzen bringen.

Auch von den Richtern, die glauben, daß ihnen kaufmännische Art vertraut geworden sei, werden doch manche sich Vorstellungen machen, die der Wirklichkeit schlecht entsprechen. Manchen schwebt, wie ich glaube, eine Idealgestalt des „redlichen Kaufmanns“ vor, etwa der berühmten Figur des Kaufmanns T. O. Schröter in Freytags „Soll und Haben“ entsprechend. Andere verbinden mit dem Gedanken des kaufmännischen Sinnes die Vorstellung der rücksichtslosesten amerikanischen Art. Alle derartigen Vorstellungen halte ich für verfehlt. Modernen Kaufmannssinn gründlich zu erfassen und richtig zu analysieren, ist unendlich schwer. Ich denke nicht daran, mich hier an dieser Aufgabe zu versuchen. Ich glaube aber auf Grund persönlicher Eindrücke, daß es in der Handelswelt Männer gibt, die, gestützt auf gewaltige Erfahrung, imstande sind, einem Manne der Wissenschaft so viel Beobachtungsmaterial zuzutragen und ihn mit den treibenden Kräften so bekannt zu machen, daß der Mann der Wissenschaft aus dem so gewonnenen Erfahrungsmaterial in der Tat Bedeutendes würde machen können. Ich halte auch für möglich, daß junge Gelehrte in der Weise zur Lösung der Aufgabe würden beitragen können, daß sie das Wirken einzelner Persönlichkeiten aus Industrie oder Handel studieren und analysierend schildern. Das Studium der Einzelpersönlichkeit wird kein schlechtes Mittel sein, das Verständnis für die Art zu erschließen.

Meine Erörterungen über die Psychologie des Handelns im Verkehrsleben möchte ich nicht abschließen, ohne daran zu erinnern, daß andere psychologische Gebiete sich bereits lebhaften Interesses bei den Juristen erfreuen. Über die hohe Bedeutung der Psychologie für die Kriminalistik brauche ich kein Wort zu verlieren. Ihre Wichtigkeit nach dieser Richtung ist allbekannt. Aber auch die Psychologie der Zeugenaussage ist bereits als wichtig anerkannt. Ich selber schätze ihren Wert hoch ein. Weiter auf diesen Punkt einzugehen, ist für mich unnötig, da das von anderer Seite bereits zur Genüge geschehen ist. Es ist möglich, daß auch schon die Psychologie des Erwerbslebens in weiterem Maße Gegenstand wissenschaftlicher Bearbeitung geworden ist, als es mir, dem Praktiker, bekannt geworden ist.*) Wenn das der Fall sein sollte, würde ich nur lebhaft bedauern, daß solche Arbeiten nicht schon weitere Verbreitung gefunden haben und dadurch jedem Praktiker leichter zugänglich geworden sind.

Die Auffassung von den Aufgaben des Richters, die ich vertrete, hebt sich von der hergebrachten Auffassung dadurch etwas ab, daß ich einer Reihe von Faktoren des richterlichen Wirkens, die sich neben der Unabhängigkeit und der Rechtskenntnis als weitere Faktoren einordnen, eine verhältnismäßig bedeutende Wichtigkeit zuschreibe, und daß ich davon abrate, in der richterlichen Tätigkeit die Geistesarbeit wissenschaftlicher Auslegung der modernen großen Gesetze zu stark in den Vordergrund zu schieben. Meine Zurückhaltung gegenüber der logisch-analysierenden Geistesarbeit und meine Hochschätzung der Tendenz, die Dinge in ihrer Totalität anzusehen und sich des Rechtsempfindens zum Pfadfinden zu bedienen, macht es für mich notwendig,

*) Mit besonderer Freude habe ich gelesen, daß im Frühjahrskursus 1911 der Vereinigung für staatswissenschaftliche Fortbildung in Berlin Prof. Dr. Wiedenfeld aus Köln Vorträge halten wird über „Die Organisation der Großindustrie und die Psychologie des modernen Unternehmens".

meine Position nach einer anderen Seite hin abzugrenzen.

Das Bürgerliche Gesetzbuch wird von einigen Juristen hart angegriffen und als für die Unvollkommenheiten unserer Rechtspflege zum großen Teile verantwortlich angesehen. Diese Juristen streben daher fundamentale Änderungen unserer Zivilgesetzgebung an. Ich kann nicht bestreiten, daß auch mir am Bürgerlichen Gesetzbuch, so gewaltig das Werk ist, im einzelnen vieles nicht gefällt. Aber ich habe kein Verständnis dafür, was es nützen soll, gegenwärtig Diskussionen über den Wert des Bürgerlichen Gesetzbuches zu entfachen. Wir haben dieses Riesenwerk, das uns die Rechtseinheit gebracht hat, einmal zum Gesetz erhalten, und müssen, so weit mein politisches Verständnis reicht, darauf rechnen, daß wir es zum mindesten für lange Jahrzehnte als Gesetz behalten werden. Daher haben wir uns mit dem Bürgerlichen Gesetzbuch als einem auf lange Zeit hinaus festen Faktor unserer Rechtspflege und unserer ganzen Kultur einzurichten. Ich nehme für den Richter eine größere Freiheit in Anspruch, als sie bisher in der Regel in Deutschland gefordert ist. Aber ich glaube, daß unsere Richter, wenn sie nur die richtigen Männer und in der richtigen Weise ausgebildet sind, und wenn ihnen nur das Reichsgericht durch seine Sprüche nicht zu sehr die Flügel beschneidet, auch unter der Herrschaft des Bürgerlichen Gesetzbuchs und sogar auch unter der Herrschaft der Zivilprozeßordnung sich durchaus der von mir gewünschten Freiheit in der Beurteilung werden erfreuen und den Bedürfnissen des Lebens werden gerecht werden können. Die Möglichkeit der analogen Gesetzesanwendung läßt, richtig verstanden, dem Richter erheblich mehr Freiheit, als meist vermutet wird. Der

Gedanke einer „freien Rechtsfindung" erscheint mir unrichtig. Ich schätze das Rechtsempfinden als Leitstern zum Finden des richtigen Urteils überaus hoch und bemühe mich, bei jeder Entscheidung mein Rechtsempfinden zu konsultieren, aber die eigentliche Norm für die Entscheidung muß für den Richter des Staates immer der Wille des Staates abgeben, wie er im Gesetze niedergelegt ist.

III. Ueber die Ausbildung des Richters.

Römisches Recht.

Eine Erörterung der Ideen betreffend die Reform des juristischen Studiums gehört nicht in den Rahmen dieser Abhandlung. Ich beschränke mich auf Anregungen, denen an sich innerhalb der heutigen Organisation des juristischen Studiums und des juristischen Dienstes Folge gegeben werden könnte. Bevor ich aber dazu übergehe, diese Gedanken zu entwickeln, möchte ich einem Empfinden der Dankbarkeit gegenüber der Rechtswissenschaft, wie sie jetzt auf den deutschen Universitäten gepflegt wird, Ausdruck geben. Ich glaube, daß man, vom Standpunkte der Praxis aus gesehen, allen Grund hat, der Wissenschaft dankbar zu sein, daß sie in der schwierigen Zeit des Überganges zum neuen Recht und der ersten Bearbeitung des neuen Rechts in der Pflege des römischen Rechts nicht nachgelassen hat.

Auch für die viel erörterte Frage, welche Bedeutung dem Studium des römischen Rechts heute noch zukommt, kommt es darauf an, unbeirrt durch die herrschenden Strömungen, die praktische Erfahrung zu Rate zu ziehen. Es wäre ja vielleicht sehr erfreulich gewesen, wenn wir im Jahre 1900 ein Recht bekommen hätten, das sich noch besser als das römische Recht dazu geeignet hätte, als Lehrstoff für die erste Einführung in die Grundbegriffe des Privatrechts zu dienen. Ganz sicherlich aber ist das nicht geschehen. In den ersten Jahren nach 1900 habe ich, wie wahrscheinlich viele andere, mich redlich bemüht, in meinem Denken die Grundgedanken des Pandektenrechts auszuschalten und gewissermaßen nur noch auf neudeutsch rechtlich zu denken. Ich habe dies Beginnen längst wieder aufgegeben, weil mir — wenigstens im allgemeinen Teil und im Obligationenrecht — die im Pandektenrechte hergebrachte Behandlung der grundlegenden Rechtsgedanken von solcher Klarheit und Durchsichtigkeit zu sein scheint, daß ich es als ganz unpraktisch ansehe, für die rasche und sichere Verständigung mit anderen Juristen und namentlich für die Einführung junger Juristen die gewaltigen Hilfen, die das römische Recht gewährt, zu verschmähen.

Ich huldige der Auffassung, daß unsere jungen Juristen auf der Hochschule zu viele Einzelbestimmungen lernen müssen. Das trifft meines Erachtens auch für das Studium des römischen Rechts zu. Sehr viele Einzelbestimmungen von mehr kulturhistorischem Interesse, deren Kenntnis nicht dazu beitragen kann, das Verständnis der wichtigen Partien zu erleichtern, werden besser weggelassen werden. Aber davon abgesehen, lege ich dem Studium des römischen Rechts die allergrößte Bedeutung für die späteren Leistungen in der Praxis bei. Mir ist ja dasjenige besonders wichtig, was ich die Assimilierung der Grundbegriffe und Grundanschauungen des Rechts nenne. Und gerade dieser Prozeß wird, wie ich glaube, durch das Studium des römischen Rechts in ganz unübertrefflicher Weise eingeleitet. Es handelt sich für mich hier um einen im Rechtsleben gewonnenen unmittelbaren Eindruck. Schwer ist es, die Erscheinung mit Sicherheit auf bestimmte Ursachen zurückzuführen, und da ich über die Ursachen im Zweifel bin, unterlasse ich es, auf diesen Punkt weiter einzugehen. Mit Entschiedenheit möchte ich der Auffassung entgegentreten, daß der Jurist später in der Praxis für das aus dem römischen Rechte Erlernte keine Verwendung habe. Gerade im Sinne der Leute aus dem Erwerbsleben, die über unpraktische Art und lebensfremdes Urteil der Juristen klagen, muß es besonders darauf ankommen, daß der Richter durch zweckmäßiges Studium zum Besitze abgeklärter fester Rechtsanschauungen gelangt, die für die juristische Bearbeitung des Einzelfalls einen gesunden Boden liefern und dabei vor Irrwegen bewahren. Der Erreichung dieses Zieles wird am besten dadurch gedient, daß man den jungen Juristen durch das Studium des römischen Rechts hindurch zum Verständnis des geltenden Rechtes führt.

Bedenken gegen das Einprägen vieler Einzelbestimmungen.

Sowohl am ersten wie am zweiten juristischen Examen finde ich zu bemängeln, daß zu viel Lernen von Einzelbestimmungen verlangt wird. Man kann nicht ohne ein Empfinden von Ironie zuhören, wenn Männer, die außerhalb des Richterstandes stehen, über die Unfähigkeit der jungen Richter für ihre praktische Aufgabe klagen und dann mit dem Verlangen endigen, die Examina müßten erschwert werden. Die Erschwerungen der Examina laufen nachher fast immer praktisch darauf hinaus, daß die jungen Leute mehr Bestimmungen auswendig lernen müssen! Je mehr Auswendiglernen oder — wie man es zu nennen pflegt — „Einpauken“ stattfindet, desto weniger werden diejenigen Fähigkeiten entwickelt, deren Fehlen von jenen Unzufriedenen gerade als Mangel empfunden wird. Wenn das große Laienpublikum schärfere Examina verlangt, so wählt es meines Erachtens für das, was es erreichen will, das schlechteste Mittel.

Wie so oft, lehrt auch bezüglich der Examina die praktische Erfahrung, daß die Dinge in Wahrheit anders liegen, als man bei oberflächlicher Überlegung zunächst erwartet und glaubt. Ich habe beim Examinieren im Assessorexamen anfangs dem weit verbreiteten Glauben gehuldigt, man könne durch stärkeres Betonen des praktischen Charakters des Examinierens die Anforderungen an die Leistungen der jungen Juristen steigern, ohne damit gleichzeitig an das Lernen von Einzelbestimmungen höhere Anforderungen stellen zu müssen. Darin habe ich mich getäuscht. Der Wunsch, beim mündlichen Examen die Situation des Richters am Arbeitstisch oder im Beratungszimmer zu kopieren, erweist sich als unausführbar. Der durchgebildete Jurist ist bei seiner Berufsarbeit in der Lage, jede positive Bestimmung nachzuschlagen. Im mündlichen Examen liegt es anders. Gestattet man auch die Bücherbenutzung, so fehlt es doch an Zeit und Ruhe. Das Nachschlagen im mündlichen Examen ist etwas vom Nachschlagen im ruhigen Arbeitszimmer Verschiedenes. Der Unterschied ist wesentlich. Beim Überlegen, wie in einem praktischen Falle zu entscheiden ist, oder wie man sich als Jurist in einer praktischen Situation zu verhalten hat, bedarf man immer des Anhalts positiver Kenntnis der hauptsächlich in Betracht kommenden Einzelbestimmungen. Bevor man sich nicht jene Einzelbestimmungen vergegenwärtigt hat, kann man mit der Detailüberlegung überhaupt nicht beginnen.

Erst nachdem er sich die Einzelbestimmungen vergegenwärtigt hat, kommt im mündlichen Examen der Examinand in die Lage, vor seinen Examinatoren besonders gutes Judizium oder besondere Elastizität des Geistes entfalten zu können. Ist das Nachschlagen der Bestimmungen gar nicht oder nur mit beschränktem Erfolge möglich, so ist daher in der mündlichen Prüfung beim freien Durchsprechen von praktischen Rechtsfällen oder Situationen derjenige Examinand, der eine gewaltige Masse von Einzelbestimmungen in seinem Gedächtnis bewahrt, immer sehr erheblich vor demjenigen im Vorsprung, der viel weniger Einzelbestimmungen im Gedächtnis hat, und zwar auch dann, wenn der letztere an allgemeiner Reife und wirklichem juristischen „Können" überlegen ist. Die Situation des Examinanden in der mündlichen Prüfung ist eben durch die Erschwerung ruhiger Benutzung von Hilfsmitteln von den Situationen, in denen der Jurist sich im Rechtsleben später zu bewegen hat, wesentlich verschieden. Auf dieser Besonderheit der Situation im mündlichen Examen beruht es, daß mit jeder scheinbaren Annäherung an das äußerliche Bild der juristischen Berufstätigkeit, in Wahrheit für den Examinanden der Bedarf nach dem Besitz von Gedächtnismaterial steigt. Bei solchen praktisch gefärbten Diskussionen wird auch in der Regel eine größere und namentlich eine bunter gruppierte Menge von positiven Bestimmungen berührt, als beim systematischen Durchgehen einzelner Abschnitte der Gesetze. So bin ich nach jahrelangem Bemühen, praktisch zu examinieren und das Gedächtnismaterial eine möglichst geringe Rolle spielen zu lassen, zu der für mich betrübenden Ansicht gelangt, daß der Repetitor, der seine Schüler auf ein so praktisch gefärbtes Examen wirksam vorbereiten will, nichts praktischeres tun kann, als die jungen Leute zu vermehrtem Einprägen von Gedächtnismaterial anzufeuern. Das ist dann genau diejenige Wirkung, die man nicht gewollt hat! Was in dieser Hinsicht von der mündlichen Prüfung gilt, das gilt in ganz ähnlicher Weise auch von den Klausurarbeiten.

Ich vermisse bei den in der öffentlichen Diskussion üblichen Argumentationen über die Ausbildung der Juristen hin und wieder genügendes Interesse für das eigentlich pädagogische Element. Man denkt nicht genügend daran, daß jede angestrengte Studienarbeit den gesamten Verstand des Schülers beeinflußt und ihn nach bestimmten Richtungen schärft, nach anderen aber weniger leistungsfähig macht. Daß das Einprägen der gewaltigen Massen von Bestimmungen des Bürgerlichen Gesetzbuches und der Zivilprozeßordnung den Verstand zu produktiver Tätigkeit, zum selbständigen Schaffen aus der Tiefe heraus, nicht kräftigt, ist wohl sicher. Ich fürchte aber, daß es auch den Verstand für solche Arbeit minder elastisch macht. Der Anwalt, dem zum Aufbau großer Verträge und Testamente von dem Klienten nur die leitenden Gedanken gegeben werden, während er selber sich nun in die Situationen, die zu gewärtigen sind, tief hineindenken muß, damit er ins Feine arbeiten und die Einzelbestimmungen entwickeln und vorschlagen könne, hat in hohem Maße produktive Tätigkeit zu entfalten. Aber auch der Richter hat durchaus produktive Tätigkeit zu üben, wenn er aus den Bruchstücken, die ihm zur Kenntnis gebracht werden, ein lebenswahres Bild des ganzen Sachverhalts in seiner Totalität zu schaffen hat, und wenn er, das Verkehrsbedürfnis ergründend und ihm gehorchend, durch analoge Gesetzesanwendung das Recht weiter zu entwickeln hat.

Als die große Aufgabe der juristischen Facherziehung sehe ich es an, daß die jungen Juristen neben der Unterweisung in den Rechtsnormen zur Fähigkeit feinfühligen Erfassens der Tatbestände und zu der Feinheit und Elastizität des Geistes, die eine positiv schöpferische Tätigkeit ermöglicht, heranerzogen werden. Wächst sich die Unterweisung in den Rechtsnormen zum Einprägen ungeheuren Gedächtnismaterials aus, so wird sie leicht für die geistige Entwicklung des Schülers bestimmend. Die produktive Kraft des Schülers wird nicht genügend gepflegt. Die Folge ist, daß ihre Weiterentwicklung zurückbleibt. Das gibt dann Juristen, die trotz guten Willens und redlichen Fleißes über eine schablonenhafte Behandlung der Rechtsfälle nicht hinauskommen.

Es ist nicht leicht, die Entwicklung der produktiven geistigen Kräfte des einzelnen jungen Juristen wirksam zu fördern, und sehr leicht geschieht es, daß diese Entwicklung wider Willen unterbunden wird. Daher ist es notwendig, daß man bei jeder Anordnung, die die juristische Erziehung betrifft, sich sorgfältig Rechenschaft darüber ablegt, wie die Maßregel auf die Entwicklung der produktiven geistigen Kräfte des einzelnen einwirken wird.

Und was soll denn überhaupt die Zuführung des Detailmaterials nützen? Im späteren Berufsleben wird sich doch niemand auf sein Gedächtnis verlassen, wenn es sich um Einzelbestimmungen handelt, die nicht dem Praktiker durch häufigen Gebrauch geläufig geworden sind. Nach manchen Dingen wird in den Prüfungen gefragt, die so speziell sind, daß die große Mehrzahl der Praktiker die Bestimmungen nicht im Kopfe haben wird. Für den Examinator besteht da eine große Gefahr der Selbsttäuschung. Oft hat er sich speziell präpariert, und es fällt ihm nun schwer, zu unterscheiden, was er schon vor der Präparation genau genug gewußt hat, um eine Frage danach präzise beantworten zu können, und was er erst durch die Präparation sich wieder so genau in das Gedächtnis zurückgerufen hat, daß ihm eine präzise Antwort gegenwärtig ist. In anderen Fällen hat der Examinator sich gewöhnt, vorzugsweise gewisse Gebiete zum Examinieren zu wählen. Auf diesen gelangt er dann zu solcher Beherrschung der Einzelbestimmungen, daß er das Gefühl dafür verliert, was ein tüchtiger Praktiker davon im Kopfe haben wird. — Man hat mich wohl gelegentlich mit dem Hinweise zu trösten gesucht, die Fragen nach den Einzelbestimmungen seien für den Examinanden nicht so schwer, wie es dem Praktiker scheine, denn diese Bestimmungen würden ja von den jungen Leuten für das Examen „gepaukt". Da haben wir den circulus vitiosus! Man fragt schwere Einzelbestimmungen, weil sie doch von den jungen Leuten auswendig gelernt werden. Aber die jungen Leute lernen sie doch nicht zum Vergnügen auswendig, sondern weil nach ihnen gefragt wird!

Auch heute schon findet ja eine Auswahl der Rechtssätze statt, deren Kenntnis dem Studenten vermittelt wird, denn die Masse aller Einzelbestimmungen ist bekanntlich viel zu groß, um gelehrt werden zu können. Aber die Zahl der Rechtssätze, die als wichtig dem Anfänger gelehrt werden, würde ich gegen das, was üblich ist, gewaltig beschränken. Die Menge der Dinge, die gelehrt werden, ist zu groß. Es ist sehr, sehr viel darunter, das später in der Praxis zu erlernen man dem Juristen ruhig überlassen darf. Die vielen Einzelheiten erschweren dem Studenten das Eindringen in das Verständnis der w i c h t i g e n Rechtssätze. Diese wichtigen, zum Objekte der Unterweisung gemachten Rechtssätze könnten dann recht wohl mit etwas größerer Breite behandelt werden, als es gegenwärtig möglich ist. Und ferner müßte von vornherein in der theoretischen Unterweisung das praktische Beispiel eine andere Rolle als bisher spielen. Es ist mir immer als ein pädagogischer Fehlgriff erschienen, daß man mit der theoretischen Unterweisung in Schrift und Wort in der Regel nur ganz kurzgefaßte Beispiele zu verbinden pflegt, und daß man dabei gar nur von dem A. und dem B. als den beteiligten Personen spricht. Als Beispiele müssen mehr als bisher vollständige Rechtsfälle verwendet werden. Tatbestände, in denen Personen mit Namen und Stand und, an bestimmtem Orte wohnhaft, ihre Rolle spielen. Eine Ereignisreihe aus dem Leben mit Lokalkolorit, lebendig erzählt, muß den Stoff hergeben, an dem der Rechtsbegriff oder der Rechtssatz erläutert wird. Solche Geschichten behält man, und die Erinnerung an das lebendige Beispiel bildet fortan einen festen Anhaltspunkt. Die Verwebung der Rechtssätze mit den Lebenswirklichkeiten, aus denen sie entsprungen sind, und auf die sie wieder angewendet werden sollen, wirkt in hohem Grade erziehlich. Sie ist auch interessant für den Schüler und erwärmt ihn für seine Wissenschaft. — Was ich von den heutigen Seminarübungen auf den Universitäten gesehen und erfahren habe, hat mich mit Achtung und Dankbarkeit erfüllt. Ich maße mir nicht an, hier Vorschläge zu Änderungen zu machen. Nur eines ist mir aufgefallen, an dem ich etwas auszusetzen gefunden habe. Es werden gelegentlich zu absonderlich geartete und zu komplizierte Fälle genommen. Die Dutzendfälle des alltäglichen Lebens sind schon so vielgestaltig, daß man beim Unterricht von Studenten nie zu absonderlichen Tatbeständen zu greifen braucht. Und der Dutzendfall ist meines Erachtens im allgemeinen für den Anfänger instruktiver.

Die Rechtspflege hat übrigens auch noch ein anderes sehr erhebliches Interesse daran, daß im Einprägen von Gedächtnismaterial Maß gehalten werde. Ich denke an das Zunehmen der Nervosität! Schwerlich wird es möglich sein, statistisch zu ermitteln, wie es um die Zunahme der Nervosität unter den jungen Juristen steht. Nach längerer Prüfungstätigkeit habe ich mich aber des Eindrucks nicht erwehren können, daß heutzutage die Nervosität unter den jungen Juristen in so erheblichem Maße auftritt, daß die Erscheinung immerhin Beachtung verdient. Es liegt auf der Hand, daß die Gründe sehr vielfältiger Art sein werden, und daß das moderne Großstadtleben an denselben einen starken Anteil haben wird. Andererseits ist aber nicht daran zu zweifeln, daß die Vorbereitung zu den Prüfungen eine erhebliche Beanspruchung der Gesundheit darstellt, und daß die stark aufreibende Wirkung dieser Vorbereitungsarbeit überwiegend darauf beruht, daß ein so sehr großes Material dem Gedächtnis eingeprägt — man darf ruhig sagen: auswendig gelernt werden muß. Solches Lernen, lange fortgesetzt, ist für einen erwachsenen Mann im allgemeinen erheblich angreifender als ein mit eigenem Schaffen verbundenes geistiges Arbeiten; es ist eine Beschäftigung, die unter den Tätigkeiten, die leicht Nervosität hervorrufen oder fördern, hoch im Range steht. — Wie schädlich es der Rechtspflege ist, wenn unter ihren Dienern Nervosität stark verbreitet ist, wird vielleicht nicht genügend beachtet. Ich kann mir kaum eine zweite Berufstätigkeit vorstellen, in der die innere Ruhe und das innere Gleichmaß von so weittragender Bedeutung für die beruflichen Leistungen ist. Wenn es sich darum handelt, mit feinem Gefühl die Motive des Handelns der Streitenden zu verstehen und das Wollen und Handeln der Menschen zu bewerten, so ist der Richter, der mit sicherer innerer Ruhe an die Sache herantritt, und der, während sich leidenschaftliche Konflikte vor ihm abspielen, und während die Masse des Stoffs sich kaum bewältigen läßt, doch immer das heitere Gleichmaß der Seele sich zu bewahren weiß, dem nervösen Richter unendlich überlegen. Auch ein nervös veranlagter Mann kann, wenn er starke Selbstzucht zu üben versteht, nach außen den Eindruck vollkommenster innerer Ruhe erwecken. Er wird aber in der Ausübung solcher Selbstbeherrschung immer einen Teil seiner Kraft verbrauchen und im Vergleiche mit dem nervenstarken Kollegen immer mit einer Mehrbelastung arbeiten. Von den Folgen, die es hat, wenn der nervöse Richter es in der Selbstbeherrschung weniger weit gebracht hat, brauche ich gar nicht zu reden. Jeder in der Rechtspflege versierte Mann weiß, wie leicht es zu Fehlern in der Beurteilung und zur Erschwerung der Prozeßerledigung führen kann, wenn der nervöse Richter bei der Vernehmung ungeschickter Zeugen zu ungeduldig oder im Verkehr mit den verhandelnden Personen zu reizbar ist.

Ich kann wirklich nicht umhin, bei dieser Gelegenheit nochmals einen Streifblick auf England zu werfen. Man wird wohl unbedenklich sagen dürfen, daß die jungen Männer in England und daher auch die jungen englischen Juristen im großen und ganzen weniger zu lernen brauchen als ihre deutschen Altersgenossen. In England selber ist jetzt die Anschauung weit verbreitet, daß das ein schwerer Fehler sei, und daß England mit allen Kräften bestrebt sein müsse, das Beispiel der

Deutschen nachzuahmen. Mir scheint die Frage durchaus nicht so einfach zu liegen. Richtig mag es sein, daß derjenige junge Engländer, der ein Durchschnitts-Handlungskommis wird, seinem deutschen Altersgenossen an Bildung erheblich nachsteht, und daß es seiner Frische und Elastizität nichts geschadet haben würde, wenn er etwas mehr gelernt hätte. Aber der Vergleich derer, die in beiden Ländern höher hinaus wollen, gibt zu schwierigerer Überlegung Anlaß. Ich appelliere an diejenigen Deutschen, die häufig Gelegenheit gehabt haben, mit Engländern von guter Bildung zu verkehren. Mir scheint es, als ob in jenen Schichten des englischen Volks bei den jungen Leuten wesentlich mehr innere Ruhe, Sammlung und heiteres Gleichmaß zu finden wäre, als bei den unsrigen. Der Typus des nervösen, hastigen, überarbeiteten jungen Mannes ist ja leider bei uns ein ungemein häufig vertretener. Die jugendliche Frische und Geistesgesundheit, der man so außerordentlich oft bei den gleichaltrigen Engländern begegnet, wirkt demgegenüber auffallend. Ich lasse mich durchaus nicht darauf ein, ein Urteil darüber zu fällen, ob im allgemeinen, d. h. bei Berücksichtigung der Verhältnisse aller Berufsarten, das Minus an Lernen leichter wiegt als das Plus an natürlicher Frische. Aber speziell für den Juristenstand scheint mir der Besitz gesunder Nervenkraft so außerordentlich wesentlich, daß, wenn es wirklich möglich sein sollte, durch Beschränkung der Lernanforderungen das Niveau der Nervenkraft beim jungen Juristennachwuchs zu heben, ich keinen Zweifel hegen würde, daß die Rechtspflege besser fahren würde, wenn der Staat denjenigen Weg wählte, der der Rechtspflege Juristen zuführt, die frischere, nervenkräftigere und etwas weniger gelehrte Menschen sind.

Die gesundheitliche Seite der Ausbildungsfrage ist mit Aufmerksamkeit zu beobachten. Mich bestärken die hier gemachten Beobachtungen in der auf Grund jener anderen ernsteren Erwägungen gewonnenen Auffassung, daß es kurzsichtig ist, zum Zwecke der Besserung der Rechtspflege auf Verschärfung der Prüfungen hinzuarbeiten.

* * *

Da mir der Gedanke fern liegt, die Richterausbildung systematisch erörtern zu wollen, und da ich vielmehr nur solche Punkte besprechen möchte, in denen ich auf Grund eigener Erfahrungen Brauchbares zur Diskussion beitragen zu können hoffe, so wende ich mich sogleich zu den mir besonders wichtigen Fragen derjenigen Ausbildung oder Fortbildung der Richter, welche erst nach dem Referendarexamen ihren Anfang nimmt. Auch über die dienstliche Beschäftigung der Referendare beabsichtige ich mich hier nicht weiter zu äußern. Es handelt sich für mich hier um diejenige Ausbildung und Fortbildung, die ohne dienstlichen Zwang auf Grund freier Entschließung der jungen Juristen stattfindet.

Nationalökonomische Vorträge und Kurse.

Ich habe an früherer Stelle darzulegen versucht, daß für den Richter, der über Verhältnisse des praktischen Lebens zu entscheiden hat, der Besitz von reicher Lebenserfahrung nicht nur nützlich, sondern sogar völlig notwendig ist, wenn der Richter ein „tüchtiger" Richter sein will. Kenntnisse auch auf anderen Gebieten als dem der Rechtswissenschaft habe ich als notwendig hingestellt. Im Prinzip wird mir da kaum jemand widersprechen. Aber viele, die mir im Prinzip zustimmen, werden dabei geringen Eifer verspüren. Viele werden finden, daß ich entsetzlich übertreibe, und werden meinen, die Erfahrung ergebe sich für den Amtsrichter, der seine Amtsgeschäfte ordentlich wahrnehme, ganz von selber. Eine andere zahlreiche Schicht von Juristen in Deutschland teilt meine Überzeugung und ist von dem herzlichen Wunsche erfüllt, daß an der Fortbildung der Juristen gearbeitet werde, und daß neue Wege eingeschlagen werden möchten, um die Fortbildung in geeigneter Weise zu entwickeln. Unter dem Einflusse der so denkenden Juristen ist es dahin gekommen, daß in Deutschland nicht unbedeutende Veranstaltungen zur Haltung von belehrenden Vorträgen und zur Ausführung von Besichtigungen, die der Belehrung dienen, getroffen worden sind.

Es ist für mich nicht leicht, zu diesem der Fortbildung der Juristen dienenden Vortragswesen Stellung zu nehmen. Sehr einfach liegt die Sache für mich nur insoweit, als es sich um die in bedeutender Zahl veranstalteten Einzelvorträge juristischer Universitätslehrer handelt. Diese Vorträge sollen in der Regel dazu dienen, den jungen Assessoren und Richtern, wie auch den älteren Richtern, weniger bekannte oder neu entwickelte Teile des Rechts näher zu bringen. Solche Veranstaltungen sind selbstverständlich unbedingt erfreulich. Die Praktiker werden den Universitätslehrern, die sich solcher Aufgabe unterziehen, rückhaltlos Dank wissen. Dieser Teil des Vortragswesens hat aber mit dem engeren Thema, das ich hier an dieser Stelle zu behandeln gedenke, und zwar der Frage, wie man den jungen Juristen Erfahrungen auf nicht-juristischem Gebiete zuführen kann, nichts zu tun. Ich brauche mich daher mit den juristischen Vorträgen hier nicht weiter zu befassen.

Schwierig ist für mich die Stellungnahme zu den Veranstaltungen von Vorträgen und Besichtigungen, die dem Bedürfnis nach Einführung in das Verständnis des praktischen Erwerbslebens entsprechen sollen, denn, während ich die Veranstalter als meine Bundesgenossen ansehe und ihnen den denkbar besten Erfolg wünsche, glaube ich andererseits, daß von jenen Vorträgen und Besichtigungen nur ein verhältnismäßig bescheidener Nutzen zu erhoffen ist. Es handelt sich um den im politischen Leben so bekannten Gegensatz zwischen den sogenannten „kleinen Mitteln" und den „großen Mitteln". Die Anwendung „kleiner Mittel" gibt fast immer guten Grund zu der Sorge, daß ihr Nutzen von vielen überschätzt werden wird, und daß diese Überschätzung den Ernst der Sachlage verhüllen und das unerläßliche energischere Vorgehen verzögern wird.

Unter den Juristen ist die Vorstellung verbreitet, daß man die jungen Richter durch nationalökonomische Vorträge oder Kurse in dasjenige Verständnis des praktischen Erwerbslebens, das sie brauchen, einführen könne. Die meisten der so denkenden Juristen werden, wie ich fürchte, keine genügend bestimmten Anschauungen von den Aufgaben der Wissenschaft der politischen Ökonomie haben. Ich empfehle dem einzelnen, der sich ein Urteil darüber bilden will, was für die Fortbildung des Richters von nationalökonomischen Vorträgen zu erwarten sei, zunächst ein praktisches Experiment zu machen. Ich rate, eins unserer großen mehrbändigen Lehrbücher der politischen Ökonomie zur Hand zu nehmen, dasselbe langsam zu durchblättern und bei den einzelnen Abschnitten zu erwägen, was etwa vom Studium dieses Abschnitts für die Einführung des Richters in diejenigen Lebensverhältnisse, über die er zu entscheiden hat, zu erhoffen sein wird.

An der Spitze steht die Behandlung der Begriffe Gut, Wert, Preis, Ertrag, Einnahme, Einkommen*), Produktion, Kapital usw. Das hier gekennzeichnete Wissensgebiet wird für die meisten Gebildeten, die Gelegenheit finden, einen Einblick zu tun, in hohem Grade anziehend sein und zu weiterem Studium einladen, aber Erfahrung bezüglich der praktischen Lebensverhältnisse der einzelnen Menschen, wie sie dem Richter im Berufe vorkommen — Erfahrung, wie er sie braucht — bringt das Studium dieses Wissensgebietes nicht. Dann folgt Geld- und Münzwesen, Kredit- und Bankwesen. Natürlich ist es möglich, aus dem Gebiete des Kreditwesens bestimmte Partien herauszuschälen, deren Kenntnis dem richterlichen Praktiker unmittelbar wertvoll werden kann. So könnte eine Erörterung der Kreditverhältnisse, wie sie in den Kreisen der mittleren Handwerker und der kleinen kaufmännischen Betriebe bestehen, vielen Nutzen bringen. Es würde sich in erster Linie etwa um die folgenden Materien handeln: Kauf auf Borg, Abzahlungsgeschäfte, Bürgschaften, Kreditgenossenschaften. Aber schon dann würde die unmittelbare Nützlichkeit solcher Unterweisung zweifelhaft, wenn dieselbe nicht jene wirtschaftlichen Vorgänge und Verhältnisse unter Begrenzung auf einen bestimmten Landesteil und mit deutlichem Lokalkolorit behandelte. Wirtschaftliche Vorgänge und Verhältnisse aus einer Schicht, die tiefer liegt als land-

*) Der Einkommensbegriff ist auch für den Zivilrechtsjuristen von praktischem Interesse. Ich hebe das als Ausnahme von dem nachher im Text Gesagten hervor.

wirtschaftlicher Großbetrieb, Industrie und Großhandel, lassen sich m. E. mit Nutzen für den Richter immer nur mit Begrenzung auf bestimmte Landesteile behandeln, da die lokalen Verschiedenheiten bei solchem Niveau bedeutend zu sein pflegen. Eine das ganze Nationalgebiet umfassende Erörterung muß sich da m. E. so sehr auf allgemeine Gesichtspunkte beschränken, daß der Jurist, der mit der Entscheidung von Streitigkeiten befaßt wird, die aus den besonders gearteten Einzelfällen hervorwachsen, aus jener allgemeinen Erörterung keinen Nutzen mehr schöpfen kann. Es wird aber nicht leicht sein, viele Männer zu finden, die imstande und bereit sind, die wirtschaftlichen Erscheinungen der gedachten Art mit bezug auf einen bestimmten Landesteil oder eine bestimmte Stadt wissenschaftlich zu bearbeiten und ihre Arbeitsergebnisse zum Gegenstande von Vorträgen für Juristen zu machen.

Was in der Regel mit bezug auf Geld- und Münzwesen sowie Bank- und Kreditwesen gelehrt wird, ist, wie mir scheint, im großen und ganzen ungeeignet, dem Richter diejenige Art von Erfahrung, von der hier die Rede ist, zuzuführen. Von allem z. B., was ich selber — zu meiner Freude und Befriedigung — über Theorie des Geldes, Goldwährung, Notenbanken, Wechselkurse zu lernen Gelegenheit gehabt habe, habe ich meiner Erinnerung nach in der richterlichen Praxis nie etwas verwerten können. Bei dem Beispiel der Wechselkurse möchte ich einen Moment verweilen. Dem Laien wird es scheinen, als müßte die Lehre von der Bewegung des Preises der Wechsel den Juristen unmittelbar in das Treiben des Wechselverkehrs einführen, und als müßte er durch jene Lehre hunderterlei Dinge erfahren, deren Kenntnis ihm in den Wechselprozessen fortwährend zugute kommen würde. Das ist, wenn überhaupt, nur in äußerst beschränktem Maße der Fall. Die wichtigen und hochinteressanten Studien der Wissenschaft über die Materie der Wechselkurse berühren die Erwägungen und Handlungen des einzelnen, der im geschäftlichen Verkehr einen Wechsel akzeptiert oder giriert, nur in solcher Weise, daß für den Richter, der mit den Handlungen und Erwägungen des einzelnen Akzeptanten und Indossanten zu tun hat, aus dem Studium der Lehre von den Wechselkursen kaum etwas für seinen Beruf zu entnehmen ist.

So geht es weiter, wenn man in dem Handbuche weiterblättert: Grundrente, Arbeitslohn, Unternehmergewinn. Gebiete von unendlicher Wichtigkeit für den Verwaltungsbeamten und Parlamentarier, von hohem Interesse für jeden Gebildeten. Aber die Erfahrungen, die der Richter so dringend braucht, wird er bei der üblichen, allgemein gehaltenen Behandlung auch hier nicht schöpfen. Anders liegt es, sobald konkreter geartete Gebiete isoliert erörtert werden. Zum Beispiel: der gegenwärtige Stand des Tarifvertragswesens in Deutschland. Oder: die gegenwärtigen Arbeitslohnverhältnisse in der Stadt X.

Es wird manchem Leser auffallen, daß ich nicht einmal die Nationalökonomie des Handels als eine Materie ansehe, deren zusammenhängende Darstellung den Juristen in das Verständnis der Verhältnisse, über die er zu entscheiden haben wird, vorzüglich einführen müßte. Ich glaube, der Rechtsprechung in Handelssachen nicht eben fern zu stehen, und ich weiß, wie viele tatsächliche Verhältnisse der junge Jurist erst kennen lernen muß, bis er sich einigermaßen in den Handelsverhältnissen seines Wohnortes zurechtfindet.

Wenn ich dann aber eine große Darstellung der Nationalökonomie des Handels durchblättere, so kann ich mich des Eindrucks nicht erwehren, daß all das unendliche Interessante, was man dort findet, doch immer von anderer Art ist, als das, was man für die jungen Juristen im Grunde braucht. Ich kann mir nicht recht vorstellen, daß sie dort das wesentliche Material zur Erlangung des Verständnisses für die geschäftlichen Absichten, Erwägungen, Handlungen des einzelnen Geschäftmannes finden.

Von demjenigen, was ich bisher vom Standpunkte des Richters aus über die Nationalökonomie gesagt habe, muß ich eine halbe und eine ganze Ausnahme machen. Die halbe Ausnahme betrifft die Behandlung der Landwirtschaft, wie sie im Rahmen der politischen Ökonomie stattfindet. Mir fehlt bezüglich der landwirtschaftlichen Verhältnisse eigene Erfahrung, und ich habe daher kein Urteil darüber, ob etwa ein Unterricht, der diesen Teil der politischen Ökonomie in der hergebrachten Weise behandelt, dem Richter ohne weiteres praktisch nützliche Erfahrung zuführt. Es liegt nahe, daran zu denken, daß sehr viele Amtsrichter und Landrichter, die in ländlichen Bezirken zu wirken berufen sind, in einer Stadt aufgewachsen sind und den Lebensverhältnissen der Landwirtschaft beim Eintritt in das Richteramt noch recht fremd gegenüberstehen. Es scheint mir sehr wohl denkbar, daß eine systematische Einführung in die nationalökonomische Behandlung der Landwirtschaft dem jungen Richter unmittelbar nützliche Erfahrung bringen kann. Ob das zu erhoffen ist, kann nur ein Richter, der lange in einem landwirtschaftlichen Bezirke tätig gewesen ist, und der zugleich der Wissenschaft der politischen Ökonomie nahe steht, mit Gewicht beurteilen.

Die zweite, und zwar die volle Ausnahme, die ich mache, betrifft das Gebiet der Lehre von den Steuern. Die Besteuerung greift tief in das Wirtschaftsleben des einzelnen ein und berührt auch die Wechselbeziehungen zwischen den einzelnen. Ein systematisches Studium dieser wichtigen Unterabteilung der Finanzwissenschaft wird, wie ich glaube, jedem Juristen, auch dem Richter, unmittelbar nützlich sein. Nur halte ich das Gebiet für zu groß und zu schwierig, als daß mit wenigen Vorträgen etwas auszurichten wäre. Soll Verständnis für die Grundgedanken der Besteuerung und für das Wesen der wichtigeren Steuerarten geweckt werden, so würde zum mindesten ein Zyklus von vielen Vorträgen erforderlich sein, und es müßte ein sehr konsequenter Besuch dieser Vorträge stattfinden. Meiner Meinung nach eignet sich diese Materie sehr gut zu autodidaktischem Studium. Es stehen für dieses Gebiet so ausgezeichnete literarische Hilfsmittel zur Verfügung, daß für den jungen Richter das autodidaktische Studium der Lehre von den Steuern in gleichem Maße Genuß und unmittelbaren Nutzen bringen kann. Es ist dabei auch zu beachten, daß eine Beherrschung dieses Gebietes der politischen Ökonomie in ganz besonderem Maße geeignet ist, dem jungen Juristen den Eintritt in das politische Leben zu erleichtern, denn einerseits pflegen unter den Fragen, die die am politischen Leben teilnehmenden Männer bewegen, Steuerfragen bezüglich des Interesses, das ihnen gewidmet wird, einen hohen Rang einzunehmen, und andererseits bildet der Besitz einer guten juristischen Ausbildung für das Eindringen in das Verständnis von Steuerfragen einen bedeutenden Vorzug vor allen, die eine solche Vorbildung nicht besitzen.

Ich wende mich wieder den übrigen Gebieten der

politischen Ökonomie zu. Ich könnte, von Abschnitt zu Abschnitt fortschreitend, immer von neuem die Frage prüfen, was von Vorträgen aus diesem Abschnitt für die Zuführung von nützlicher Erfahrung für den Richter zu erwarten sei. Ein solches Vorgehen würde aber unpraktisch sein, denn der Leser würde schnell ermüden, und es liegt nicht im Rahmen dieser Abhandlung, die sämtlichen Materien, die innerhalb der Grenzen der politischen Ökonomie behandelt werden, hier unter den gedachten juristisch-pädagogischen Gesichtspunkten durchzuprüfen. Es genügt für mich, hier auszusprechen, daß die Prüfung nach meiner Ansicht überall dasselbe Ergebnis liefert: das Studium der Nationalökonomie ist, wo immer man dasselbe angreift, ein herrliches Mittel zur Förderung der allgemeinen Bildung. Aber für den besonderen Zweck, von dem hier die Rede ist, für die Einführung des jungen Richters in das Verständnis der Verhältnisse und Vorgänge des wirtschaftlichen Lebens des einzelnen — nicht der Völker oder großer Personenkreise —, also in das Verständnis derjenigen Verhältnisse, die dem Richter im Berufe vorkommen, und über die er zu entscheiden hat, ist von Vorträgen und Lektüre aus dem Gebiete der politischen Ökonomie, wie sie regelmäßig für die Unterweisung von Anfängern in Vorträgen und Büchern behandelt wird, nicht allzu viel zu erwarten. Erheblicher, unmittelbarer Nutzen ist in der Regel nur dann zu erhoffen, wenn ein eng begrenztes, praktisch bedeutsames Thema unter Beschränkung auf die Erscheinungen eines relativ kleinen räumlichen Gebiets im Vortrag behandelt wird. Solche Themata sind auf fast allen Gebieten der politischen Ökonomie zu gewinnen. Aber ihre Behandlung im Vortrag durch einen Mann der Wissenschaft wird meistens notwendig machen, daß der Vortragende vorher schwierige und zeitraubende Spezialstudien an Ort und Stelle macht.

Für durchweg nützlich halte ich dagegen alle Unterweisung, die durch Wort oder Schrift in der Weise erfolgt, daß ein Mann, der persönlich in einem wirtschaftlichen Betriebe oder einer wirtschaftlichen Organisation praktisch tätig ist, die Beschaffenheit des Betriebes oder der Organisation im Vortrag schildert und die von ihm persönlich in seiner Wirksamkeit gemachten Erfahrungen mitteilt. In der Schilderung des Selbstgeschaffenen oder fort und fort Durchlebten liegt eine eigene Kraft. Der Wirtschaftspraktiker, der mit praktischem Sinne seine Erfahrungen übermittelt, vermag wieder bei anderen praktisches Verständnis und praktische Denkart zu entzünden. Mir liegt ein Plan für eine Vortragsreihe vor, die in Berlin veranstaltet ist. Ich finde dort beispielsweise Vorträge über Einrichtung und Betrieb einer deutschen großen Versicherungsgesellschaft und über Einrichtung und Betrieb einer deutschen Großbank angezeigt. Sie sollen von hervorragenden Praktikern gehalten werden. Ich erwarte, daß die jungen Richter, die diese Vorträge hören, erheblichen Gewinn für ihre Berufsarbeit mit nach Hause nehmen werden.

Ähnliches gilt von den Besichtigungen von Werken und Anstalten. Sie können nützen, wenn ihnen ein wohldurchdachter pädagogischer Zweck zugrunde liegt. Handelt es sich darum, bestimmte Erfahrungen zuzuführen, so kann selbstverständlich die Unterweisung durch eine Besichtigung in erheblichem Maße gestützt werden. Aber Besichtigungen, bei denen diese Voraussetzungen fehlen, stehe ich nicht ohne Bedenken gegenüber. Führt man junge akademisch gebildete Leute in gewaltige Fabriken oder Hüttenwerke, ohne daß die Besichtigung sich in eine Art von Unterricht organisch eingliedert, so wird mancher von den jungen Leuten nur unklare Stimmungen als Ergebnis mitnehmen. Der eine, der in kleinen Verhältnissen in einer Landstadt aufgewachsen ist, fühlt sich vielleicht fast überwältigt von dem Eindrucke der titanischen Größe des Gesehenen. In ihm wird ein an Ehrfurcht angrenzendes Staunen über die Macht des Kapitals und industriellen Geistes wachgerufen. Ein anderer sieht mehr die Arbeiter an, wie sie bei hohen Temperaturgraden harte Arbeit leisten. Bei ihm werden mehr Mitleidsgefühle und humanitäre Stimmungen ausgelöst. Die Erzeugung unklarer Empfindungen der einen wie der anderen Art muß vom pädagogischen Standpunkte aus als nicht erstrebenswert angesehen werden.

Nachdem ich die vorstehenden Abschnitte bereits verfaßt hatte, gelangte das Vorlesungsverzeichnis der Vereinigung für staatswissenschaftliche Fortbildung zu Berlin, sechswöchiger Frühjahrskursus 1911, zu meiner Kenntnis. Ich kann mir nicht denken, daß ein gebildeter Mensch das Verzeichnis durchsehen kann, ohne ein Empfinden zu verspüren, das sich etwa mit den Worten ausdrücken läßt: Ach könnte ich doch nur wenigstens einige von diesen herrlichen Vorträgen hören! Aber es heißt hier, das Auge unverwandt auf den Punkt gerichtet halten, auf den es hier ankommt. Wird dem Richter die Erfahrung, die er so notwendig braucht, zugeführt? Das Vorlesungsverzeichnis zeigt, daß das Bestreben obwaltet, die Unterrichtsgegenstände möglichst konkret zu wählen und zu fassen, damit dem Manne, der sich in seinem Berufe der Staatswissenschaften als Rüstzeugs zu bedienen hat, möglichst praktisch gedient werde. Es sollen auch nach der Übersicht über die zu behandelnden

Fragen, die der einzelnen Vorlesungsankündigung hinzugefügt ist, manche Punkte gestreift werden, die in Gebiete fallen, deren Kenntnis für den Richter unmittelbar wertvoll ist. Aber die Disposition der angekündigten Vorlesungen bestätigt mir die Richtigkeit meiner vorher dargelegten Auffassung. Die Betrachtung des Wirtschaftslebens vom volkswirtschaftlichen oder staatswirtschaftlichen Standpunkte ist eine andere als die Betrachtung vom privatwirtschaftlichen Standpunkte. Der Richter bedarf des Verständnisses für diejenigen Vorgänge des Wirtschaftslebens, die im wirtschaftlichen Verkehre der Privaten gewissermaßen den Boden bilden, aus dem die Streitfälle hervorzuwachsen pflegen. Es handelt sich meist um Vorgänge und Verhältnisse, die, vom Standpunkte des Volkswirts und Staatsmanns aus gesehen, nur in verhältnismäßig geringem Maße interessieren und daher vom Nationalökonomen nicht behandelt oder höchstens gestreift werden. Bei der nationalökonomischen Behandlung eines Verkehrszweigs muß Abstraktion geübt werden. Das ist ja gerade die Aufgabe der nationalökonomischen Behandlung. Bei dieser Behandlung fallen aber — weil nicht interessierend — gerade solche Elemente der wirtschaftlichen Erscheinungen aus, die für den Richter, der die Streitigkeiten der Privaten entscheiden soll, am meisten wissenswert sind. Ich habe viel Gelegenheit gehabt, zu praktischen Zwecken des Staatslebens auf dem Gebiete der politischen Ökonomie zu arbeiten, und ich habe stets neben meinem Arbeitstische reichlich literarisches Material der Volkswirtschaft und der Finanzwissenschaft zur Verfügung gehabt. Aber so besonders gern ich mich dieses Materials zu meinen Arbeiten stets bedient habe, so habe ich doch — die Steuerlehre ausgenommen — meines Wissens keine Gelegenheit gefunden, bei Ausübung meiner richterlichen Tätigkeit mich jenes mir so vertrauten Materials zu bedienen.

Ich meine, es wäre vorteilhaft, wenn meine Gesinnungsgenossen, die bezüglich der Fortbildung der Richter genau demselben Ziele wie ich zustreben, bei der Veranstaltung von Vorträgen und Besichtigungen für die von mir geltend gemachten Bedenken die Augen offen halten würden. Manches, was auf diesem Gebiete bisher geschehen ist, halte ich für ganz vortrefflich, anderes für nicht einwandfrei. Es ist aber, wie bei allen jungen Bewegungen, wichtig, nach Möglichkeit Anläufe zu vermeiden, die erfolglos ausgehen. Wenn ein junger Richter fleißig in zahlreiche Vorträge geht, obwohl es ihm Mühe macht, die Zeit zu erübrigen, und wenn er dann nach sechs Monaten die Empfindung hat, daß er eigentlich nicht den Nutzen von seinem Opfer gehabt hat, den er erwartet hatte, so ist er gegen die ganze Richtung verstimmt, und es ist damit viel verdorben.

Die Einführung des jungen Juristen in die Erfahrung des Verkehrslebens.

Und nun — was kann und soll denn eigentlich in erster Linie geschehen?

Der Richter hat in seinem Berufe fort und fort zu prüfen, zu enträtseln und zu würdigen, was bei bestimmter Gelegenheit ein anderer gedacht und gewollt hat. Der auf einem Gymnasium oder einer gleichgestellten Realanstalt erzogene, dann in der Gedankenwelt des akademischen Lebens weiter herangewachsene und schließlich in die Lebenssphäre des Beamtentums eingetretene junge Mann soll jetzt begreifen und gerecht würdigen, was der im Leben und Treiben des Erwerbslebens herangewachsene Kaufmann, Handwerker oder Arbeiter gedacht und gewollt hat. Auf die Verschiedenheit der Denkart der Stände habe ich schon früher hingewiesen. Die Aufgabe, den jungen Juristen das Verständnis für die Denkart anderer Stände zu erschließen, halte ich für die zentrale Aufgabe der Fortbildung der jungen Assessoren und Richter.

Ich muß das zu diesem Punkte früher gesagte an dieser Stelle noch etwas weiter ausbauen, um die Vorschläge, die ich folgen lassen möchte, ganz verständlich zu machen. Die ganze Erziehung des deutschen Beamten drängt zu vornehmer Objektivität und altruistischer Gesinnung. Jedem tüchtigen deutschen Beamten liegt der Satz: „aliis inserviendo consumor" im Blute. Der Geschäftsmann will für sich und die Seinen Geld verdienen. Der Unterschied ist nach meinen Eindrücken noch größer, als er wohl meist veranschlagt wird. Wenn man sagt, auch der Kaufmann und der Industrielle diene doch den von seinem Betriebe abhängigen Personen und der Volkswirtschaft, so ist das eine in diesem Zusammenhange irreleitende Abstraktion. Sicherlich ist es richtig, daß die Tätigkeit des Kaufmannes und Industriellen auch für dritte nützlich und für die Volkswirtschaft nötig ist. Aber die subjektive Absicht, das den Ton angebende Streben des Kaufmannes bei seinem geschäftlichen Denken und Tun ist nicht auf die Erzielung eines Nutzens für andere, sondern auf Gelderdienst für sich und die Seinen gerichtet. Der Nutzen für andere ist, vom Standpunkte des einzelnen Geschäftsmannes gesehen, nur eine gern gesehene Nebenfolge. Nur auf den höchsten Höhen merkantilen und industriellen Lebens ist Raum für andere Denkweise. Der Chef eines großen alten Handlungshauses, der Inhaber eines riesigen industriellen Werkes kann einmal so empfinden. Aber der kleine Agent oder der Inhaber einer bescheidenen Fabrik, der nicht mit der Vollkraft eines gesunden Egoismus sein Sinnen und Trachten darauf richtet, selbst zu verdienen, um sich im Daseinskampfe zu behaupten und sich empor zum Lichte zu arbeiten, wird selten prosperieren.

Diese Art von Egoismus, dieses Streben nach Gelderdienst, vor dem der vornehme Gelehrte eine Art von Horror empfindet, ist volkswirtschaftlich notwendig. Solange die Welt von der heutigen Gesellschaftsordnung und von den heutigen nationalen Gegensätzen beherrscht wird, ruht das Gedeihen der Nation darauf, daß in den erwerbenden Ständen ein kräftiger, gemäßigt-egoistischer Erwerbssinn waltet. Ein ethisches Empfinden, das diesen kräftigen Erwerbssinn als etwas minderwertiges und schlechtes gegenüber dem Geiste des Gelehrten, Beamten und Offiziers einschätzt, mag vom Standpunkte dieser Männer aus als in gewisser Weise berechtigt zu verteidigen sein. Über die Berechtigung verschiedenartigen ethischen Empfindens läßt sich eben schwer streiten. Aber, das kann mit Bestimmtheit gesagt werden, daß, wenn ein solches ethisches Empfinden unter den Verwaltungsbeamten und Richtern vorkommt, das im Interesse des Wohles der Nation tief zu bedauern ist.

Das ethische Empfinden der Richter ist für die Rechtspflege von ungeheurer Bedeutung. Weil es den Richter bei der Würdigung des Wollens und Handelns der Menschen bestimmt, ist es in zahllosen Fällen für die Entscheidung ausschlaggebend. Bei jeder Entscheidung über die Frage, was nach Treu und Glauben geboten war, oder was noch innerhalb der Grenzen guter Sitten liegt und was nicht, sieht sich der Richter geradezu angewiesen, sein ethisches Empfinden zu konsultieren. Daher ist es notwendig, dem jungen Richter den geistigen Horizont zu erweitern. Er muß zu dem Maßstabe, den er seiner Jugenderziehung und dem Verkehr mit seinen Standesgenossen verdankt, andere Maßstäbe für die Würdigung menschlichen Handelns hinzugewinnen und muß begreifen lernen, daß, von einer höheren Warte gesehen, das ethische Empfinden verschiedener Lebenskreise trotz aller Verschiedenheit doch gleichen Wert hat und auf gleiche Anerkennung Anspruch hat. Der junge Richter muß von der lebendigen Überzeugung durchdrungen werden, daß das ethische Empfinden der Besten aus den mittleren erwerbenden Ständen, also der Besten aus denjenigen gewaltigen Volksschichten, welche einen großen Teil der Nation ausmachen, und auf denen Wohlstand und Existenz der Nation ruht, in der Tat dem seinigen gleichwertig ist. Nur wenn der Richter sich zu solchem Verständnis für das ethische Empfinden anderer Stände durchgerungen hat, kann er anderen Ständen in den Streitigkeiten ihrer Angehörigen ein wahrhaft gerechter Richter sein! Darin, daß bei diesem geistigen Emporarbeiten so viele Juristen zurückbleiben und in der wenn auch edelen, so doch engen Vorstellungswelt ihres sozialen Verkehrskreises stecken bleiben, liegt nach meiner Ansicht einer der Hauptgründe für die Fremdheit, die so viele Männer des Geschäftslebens an dem Verhältnis zwischen Justiz und Erwerbsleben empfinden, und für das Mißtrauen, das sie bezüglich der Leistungsfähigkeit der Justiz hegen.

Das richtige Verständnis für das Denken und Wollen der Angehörigen anderer Stände und, was hinzukommen muß, die Kenntnis, wie es außerhalb des Gerichtssaales im Erwerbsleben herzugehen pflegt, kann der junge Jurist nach meiner Ansicht sich im allgemeinen nur schwer auf andere Weise im vollen Maße aneignen, als indem er eine zeitlang sich selber, sei es ratend und helfend, sei es selbst mittätig, im Erwerbsleben bewegt. Gewiß gibt es nicht wenige Richter, die reiche Lebenserfahrung von der Art, wie ich sie den Richtern wünsche, besitzen, ohne daß sie jemals selber im Erwerbsleben Erfahrungen gesammelt hätten. Aber ich glaube, daß sehr bedeutende Geistesgaben dazu gehören, jene Lebenserfahrung ganz überwiegend aus der richterlichen Berufsarbeit aufzunehmen. Die Rechtspflege kann nicht darauf rechnen, daß der Zuzug junger Richter nur aus außergewöhnlich begabten jungen Leuten bestehen werde. Man wird versuchen müssen, dem jungen Manne, der über so ausgezeichnete Eigenschaften nicht verfügt, die Wege zum Verständnis des Verkehrslebens zu ebnen, damit seine Leistungen später das richtige Maß erreichen. Und auch der Hochbegabte kommt auf dem Wege zum höchsten Ziele weiter, wenn man ihm die ersten Schritte zweckmäßig erleichtert.

Meine Auffassung, daß der nicht besonders hochbegabte Jurist auch außerhalb des Gerichtssaales gründlich in das Erwerbsleben hineingeblickt haben muß, um die Denkart der Geschäftsleute voll verstehen und würdigen zu können, läßt sich nicht durch kurze Einzelbeispiele weiter erläutern. Jeder Richter, der im Leben irgendwie Gelegenheit gehabt hat, längere Zeit Geschäftsleute bei der Arbeit zu sehen und am Erwerbsleben in anderer Weise als bei der Behandlung von Streitigkeiten teilzunehmen, insbesondere auch häufig bei Vertragsverhandlungen tätig zu sein, wird mir bestätigen, daß man später als Richter bei der Auslegung von Verträgen und bei der Würdigung von Handlungen des geschäftlichen Lebens die früher gewonnene Einsicht in die Denkart der im Erwerbsleben stehenden Geschäftsleute fort und fort zu verwerten Gelegenheit hat. Möglich ist es dagegen, durch kurze Beispiele noch weiter zu erläutern, von welchem Werte es für den Richter ist, im Wege eigenen Erlebens erfahren zu haben, „wie es im Erwerbsleben herzugehen pflegt". Es mögen hier einige Beispiele dafür angeführt werden.

Der junge Jurist, der als Referendar in das Rechtsleben eingeführt wird, erfährt alsbald, wie außerordentlich vieles manche Richter daraus zu schließen pflegen, daß irgend etwas nicht gesagt worden ist: Einräumung, daß etwas richtig sei, was der andere gesagt hatte; Erklärung des Einverständnisses damit, daß etwas geschehen solle, was der andere verlangt hatte; Wille, daß so oder so verfahren werden solle, weil anderenfalls das Gegenteil ausdrücklich gesagt worden wäre. Derartige Schlußfolgerungen des Richters aus dem Schweigen einer Person haben ihre Basis in einer vermeintlich begründeten Lebenserfahrung. Wer eine zeitlang im Treiben des Erwerbslebens gestanden hat, wird in solchen Schlußfolgerungen erheblich zurückhaltender und bedenklicher sein als mancher Kollege. Es überrascht ihn, wie man bei dem Unternehmen, das Schweigen zu erklären, die naheliegende Möglichkeit, daß der betreffende das nicht gesagte zu sagen vergessen oder aus äußeren Hinderungsgründen zu sagen unterlassen habe, so oft gänzlich außer acht lassen kann. Man lernt im Verkehr begreifen, daß sich die mündlichen geschäftlichen Unterredungen vielfach sehr viel komplizierter und unklarer abspielen, als es nachher reproduziert werden kann. Die spätere Reproduktion im gerichtlichen Verfahren stellt ja meist nur ein kurzes Exzerpt dar. Aus vielen zufälligen Gründen kann es dazu kommen, daß man etwas nicht sagt, was man, wenn die Unterredung äußerlich etwas anders verlaufen wäre, oder wenn man etwas ruhiger überlegt hätte, nicht unterlassen haben würde zu sagen. Wer in geschäftlichen Unterredungen selber oft vergessen hat, etwas zu sagen, was er hatte sagen wollen, und wer zu seinem Leidwesen oft erfahren hat, wie schwer es ist, den Verlauf von längeren Unterredungen nachher zu reproduzieren, wird geneigt sein, bei Schlußfolgerungen der hier gedachten Art sehr vorsichtig zu sein. Er wird sich vor allem nicht darauf einlassen, in solchen Dingen nach irgend einer festen Schablone zu entscheiden, die aus Kommentaren oder Vorentscheidungen entnommen ist, und er wird sich zu positiven Schlußfolgerungen aus einem Schweigen immer nur dann herbeilassen, wenn er von dem Verlaufe und Zusammenhange der Unterredung eine lebendige Vorstellung gewonnen hat.

Ein anderes Beispiel: Bekanntlich handelt nach § 276 BGB. fahrlässig, wer die im Verkehr erforderliche Sorgfalt außer acht läßt. Ich appelliere an meine älteren Kollegen und frage, ob nicht die jungen Richter dazu neigen, die Frage, ob Fahrlässigkeit vorliege, nach dem tatsächlichen Erfolge zu beurteilen und Fahrlässigkeit immer schon dann anzunehmen, wenn sie selber klar sehen, daß und wie sich das Vorgekommene hätte vermeiden lassen. Alle Welt wird darüber einig sein, daß der Verkehr jedenfalls an Sorgfalt nicht mehr erfordert, als was unter den gegebenen Umständen ein Mensch mit menschlichem Können zu tun vermag. Später, nachdem alle Umstände reiflich überdacht und klargelegt sind, ist es oft für den Richter am grünen Tische sehr leicht, zu sehen, wie hätte verfahren werden müssen. Aber nachher sieht sich die Sache anders an als vorher im Drange der Ereignisse. Da heißt es für den Richter, sich zurückversetzen in die Lage des Betreffenden von damals und prüfen, was damals vernünftiger Weise zu verlangen war. Nicht leicht scheint es manchem nur an ruhige Geistesarbeit gewöhnten Juristen zu fallen, wenn er die grenzenlose Verschiedenheit der Situation des Richters und der damaligen Situation des angeblich Schuldigen im Treiben und Hasten des Verkehrs gehörig in Anschlag bringen soll. Die Frage, ob ein Verschulden vorliegt, gehört zu den durchaus alltäglichen Fragen in der Rechtspflege. Davon, daß in solchem Falle der Richter sich eine richtige Vorstellung macht, was damals menschenmöglich war, hängt die Gerechtigkeit der Entscheidung ab. — Zu den Fragen, ob zivilrechtliches Verschulden vorliegt, werden jüngere Richter, die selber im Erwerbsleben gestanden haben, und solche jüngere Richter, die dieses Glück nicht gehabt haben, wahrscheinlich meistens etwas verschieden stehen. Nichts lehrt die Grenzen, die innerhalb des Dranges des Verkehrs dem menschlichen Können gesetzt sind, besser verstehen, als die persönliche Erfahrung bei eigener Tätigkeit im Verkehr. Wer unzählige Male an sich selber mit Verdruß und Schmerz hat erfahren müssen, wieviel enger menschliches Denken und Können bei der durch den Verkehr gebotenen Hast und bei der durch den Verkehr bedingten Anspannung der geistigen Kräfte begrenzt ist, als bei ruhiger Überlegung in der Studierstube, kann sich eine Erwägung von Schuldfragen überhaupt gar nicht mehr anders vorstellen als in der Weise, daß er sich zuerst eine möglichst lebendige Vorstellung von der Situation zu schaffen sucht, in der der angeblich Schuldige sich befunden hat, und daß er sich dann, ganz unbekümmert um den eingetretenen Erfolg, fragt, ob von dem Manne nach Maßgabe der Verhältnisse des Verkehrs zu verlangen war, daß er anders handelte. Für den selber im Erwerbsleben geschulten Juristen erscheint der — so oft eingeschlagene — Weg, daß man vom schädlichen Erfolge zunächst einmal auf Fahrlässigkeit schließt, dann aber bereit ist, sich eventuell davon überzeugen zu lassen, daß nach den besonderen Umständen des Falls — gewissermaßen ausnahmsweise — dennoch ein Verschulden nicht vorliege, ganz sonderbar. — Die eigene Erfahrung im Erwerbsleben schafft, wie ich glaube, für die Verschuldensfrage vorsichtige Richter.

Und nun ein letztes Beispiel, dieses Mal aus dem Gebiete des Großhandels: Ich setze den Fall, es sei ein großer Kontrakt geschlossen mit vielen in langen Unterhandlungen festgesetzten Paragraphen. Bei der Durchführung des Vertragsverhältnisses zeigt sich für den einen Kontrahenten eine Lücke. Er erkennt, daß ihm der Verlust eines erheblichen Teils der Vorteile droht, zu deren Erzielung er den Kontrakt geschlossen hat. Er sieht, daß, wenn die Lücke nicht durch wohlmeinende Interpretation des Vertrages ausgefüllt wird, der Kontrakt ein für ihn recht unvorteilhafter ist. Man gerät nun in Streit über die Meinung des Vertrages. In Fällen dieser Art — und sie sind nicht selten — sind die Richter vielfach zu einer gewissermaßen gemütlichen Art der Vertragsauslegung geneigt. Sie glauben, der Lebenserfahrung zu entsprechen, wenn sie die Härte für den einen Kontrahenten als nicht gewollt und die Schwierigkeit als nur durch Ungeschick in der Fassung des Kontrakts verursacht ansehen. Sie wollen nicht am Wortlaut haften und glauben dem wahren Willen, den die Kontrahenten beim Vertragsschlusse hatten, gerecht zu werden, indem sie den

Vertrag so auslegen, daß die Lücke zugunsten des bedrohten Teils ausgefüllt wird. Jene Art der rechtlichen Behandlung entspricht gut der Lage der Verhältnisse im kleineren Handels- und Geschäftsverkehr; sie ist dort in der Regel die angebrachte und richtige. Wenn aber große Handlungshäuser und Werke miteinander kontrahieren, liegen die Verhältnisse doch auch vielfach anders.

Man hat die Tätigkeit zweier im Kriege gegeneinander operierender Generale mit einem Schachspiel verglichen. Derselbe Vergleich paßt nicht selten auch auf die Aktion einer größeren Vertragsverhandlung. Auf den wohlüberlegten Zug der einen Seite folgt der nicht minder wohlüberlegte Gegenzug der anderen Seite. Die verhandelnden Teile messen sich mit den gleichen Waffen der Sachkenntnis, Klugheit und Umsicht; es herrscht unter ihnen ehrliches Spiel. Wenn dann später offenbar wird, daß der eine Teil es doch in einem Punkte an Umsicht hat fehlen lassen, daß er eine Eventualität nicht richtig überdacht hat, und daß er schwerlich den Kontrakt geschlossen hätte, wenn er die Härte rechtzeitig erkannt hätte, so geht der Richter leicht fehl, wenn er meint, dem wahren Willen der Kontrahenten gerecht zu werden, indem er die Lücke, als von beiden Teilen in Wahrheit nicht gewollt, im Wege analoger Anwendung einer anderen Vertragsbestimmung ausfüllt. Wer sich einige Zeitlang selber im Geschäftsleben bewegt, lernt dort würdigen, wie verschieden der Geist ist, der die Vertragsverhandlungen auf verschiedenen Gebieten des geschäftlichen Lebens und unter verschiedenen äußeren Bedingungen beherrscht.

Bekanntlich sind die jungen Juristen vielfach geneigt, die Tendenz des Schutzes des Schwachen gegen den

Starken stark hervortreten zu lassen. Gewiß verdient diese Tendenz auch in der Rechtspflege in dem beschränkten Sinne Sympathie, daß der Richter bestrebt sein soll, bei der Auslegung der Willenserklärungen die geistigen Fähigkeiten, den Bildungsgrad und vor allem die relative wirtschaftliche Position der Kontrahenten auf das sorgsamste zu berücksichtigen. Wenn Verhandlungen in Frage stehen, die ein skrupelloser Agent eines großen Hauses mit dem kleinen Geschäftsmanne einer Landstadt geführt hat, wird kein verständiger Richter daran denken, die ausgetauschten Erklärungen ähnlich zu würdigen, wie wenn es sich um Verhandlungen zwischen großen Handelsgesellschaften handelte, und niemandem wird es einfallen, solche Verhandlungen mit einem Schachspiel unter ehrlichen Spielern zu vergleichen. Sehr wichtig für die Rechtspflege aber ist es, daß in der Rechtspflege das korrekte Bestreben, bei der Vertragsauslegung jene Faktoren voll zu berücksichtigen, nicht zu einer Tendenz des Bevormundens und Korrigierens ausartet. Daher ist es wichtig, daß der junge Jurist frühzeitig damit vertraut wird, wie es im guten und normalen Geschäftsverkehr zuzugehen pflegt. Er hat es nicht leicht, davon eine richtige Vorstellung nur aus dem Gerichtsleben heraus zu gewinnen, denn er sieht hier das Geschäftsleben meist von der häßlichsten Seite. Namentlich im Strafverfahren sieht er fast nur Zerrbilder des normalen Geschäftslebens an sich vorüberziehen. Und schließlich sieht er doch auch im Zivilverfahren nur „kranke" Fälle.

Hat der junge Jurist im Treiben des Geschäftslebens selber Erfahrung sammeln können, so ist ihm klar geworden, daß man in den verschiedenen Gebieten und Situationen des Geschäftslebens nicht nach immer gleichem Maßstabe messen darf. Er hat empfinden gelernt, daß es Geschäfte gibt, bei deren Abschluß ein korrekter, strenger Geist waltet, so daß auch bei der Vertragsauslegung der Wille der Kontrahenten im strengen Sinne verstanden werden muß, und er hat verstehen gelernt, daß bei anderen Transaktionen unter gleich großen Kaufleuten der Geist weitherzigsten Vertrauens herrscht, so daß die Auslegung der Willenserklärungen nach dem Maßstabe des völligen gegenseitigen Vertrauens auf unbeschränkte Loyalität des anderen erfolgen muß.

Die Beschäftigung mit dem Erwerbsleben und im Erwerbsleben öffnet dem Juristen die Augen für die unendlichen Unterschiede in den Grundverhältnissen, die sich dem minder im Leben versierten Juristen leicht verhüllen. Sie drängt zur Differenzierung und Individualisierung bei der Beurteilung der Rechtsfälle. Darin liegt ihr Segen für die Entwicklung des Richters.

Zwei Wege öffnen sich dem jungen Juristen, der von den Erscheinungen des Geschäftslebens außerhalb des Gerichtslebens Kenntnis nehmen will. Er kann versuchen, wo immer möglich zu hören und zu beobachten, ohne doch selber sich in das Treiben des Erwerbslebens hineinzuwagen; er kann auch versuchen, sich persönlich in jenes Treiben hineinzubegeben, um selbst zu erleben und dadurch um so intensiver zu lernen.

* * *

Daß für die Einführung der jungen Juristen in das Verständnis der Erwerbstätigkeit und der den Geschäftsmann bestimmenden Motive nach meiner Ansicht von öffentlichen Vorträgen zwar einiges, aber nicht allzu viel zu erwarten sein wird, habe ich darzulegen gesucht. Ich kann mich sofort der wichtigen Frage zuwenden, wie der einzelne junge Jurist, abgesehen von der Anhörung von Vorträgen, sich nach jener Richtung Erfahrung schaffen kann, ohne doch selbst im Erwerbsleben tätig zu sein.

Verkehr mit den Angehörigen anderer Berufsstände bereichert die Lebenserfahrung! Das ist ein äußerst trivialer Satz. Niemand wird seine Wahrheit bestreiten. Ich fürchte aber, daß bis jetzt die Zahl derjenigen Juristen noch nicht allzu groß ist, die sich darüber klar sind, welch' ernste Lehren für die Juristen und welch' harte Anforderungen an ihre Behaglichkeit und Bequemlichkeit aus diesem Satze abzuleiten sind. Die Ergründung und Beherzigung dieser Lehren ist durchaus nicht einfach. Wenn es gelingt, das Verständnis dieser Lehren zum Gemeingut aller deutschen Juristen zu machen, so ist damit, wie ich glaube, ein ungeheurer Fortschritt der Rechtspflege gesichert.

Die Denkart des Geschäftsmannes, die Bewertung des Geldverdienens und die Rolle, die der Aufgabe des Geldverdienens im Leben zuerteilt wird, die — von der Denkart des Gelehrten und Beamten so verschiedene — subjektive Auffassung aller Verhältnisse beim Geschäftsmanne, die im Geschäftsleben herrschenden Auffassungen von Geschäftsehre und Pflichten gegen das Geschäft, der kaufmännische Unternehmungsgeist und die Elastizität der kaufmännischen Erwägung, die Auffassung des Geschäftslebens über Wagemut und Leichtsinn, sicheres und unsicheres Geschäft, Solidität und Unsolidität — das alles zusammen bildet eine ganze Welt von Vorstellungen und Anschauungen, die dem jungen Juristen, wenn er nicht aus kaufmännischer oder industrieller Familie stammt und nicht in dieser Gedankenwelt aufgewachsen ist, zunächst durchaus fremd ist. Ich glaube nicht daran, daß es für einen solchen jungen Mann überhaupt möglich ist, sich in jene Gedankenwelt einzuleben, wenn er nicht zum mindesten reichlichen persönlichen Verkehr mit Angehörigen der Geschäftswelt pflegt. Ich habe zwar selber an früherer Stelle die Ansicht geäußert, daß jene Gebiete einer wissenschaftlichen, psychologischen Erforschung nicht unzugänglich seien, und daß eine Erweiterung der psychologischen Forschung nach jenen Richtungen wünschenswert sei. Der einzelne Jünger der Rechtswissenschaft wird aber noch auf lange Zeit hinaus genötigt sein, wenn er sicheres Verständnis für jene Dinge gewinnen will, sich auf dasjenige zu verlassen, was er selber im Verkehr sieht und hört.

Ist der junge Jurist nicht in der Lage, eine Zeitlang in irgend einer Form selber sich am praktischen Erwerbsleben zu beteiligen, so bildet für ihn ein ausgebreiteter persönlicher Verkehr mit Männern des Erwerbslebens die einzige Möglichkeit, sich in die Vorstellungs- und Gedankenwelt jener Kreise einzuleben. Zunächst ist es für den jungen Juristen schon sehr wertvoll, wenn es ihm gelingt, seine Anschauung von den äußeren Hergängen und der Organisation des Geschäftslebens zu bereichern und zu beleben. Er muß suchen, sich eine möglichst deutliche Vorstellung von der Art vieler verschiedener Geschäftsbetriebe zu verschaffen, und muß versuchen, die zugrunde liegenden Interessenbeziehungen verstehen zu lernen. Die genauere Kenntnis solcher Verhältnisse kann dann allmählich zu tieferem Verständnis der im Geschäftsleben herrschenden Denkweise hinüberleiten. Bei dem Unternehmen, auf solchem Wege in das Verständnis der Dinge einzudringen, vermag ein reger persönlicher Verkehr mit Männern des Handels und der Industrie mächtige Förderung zu bringen.

Wenn der junge Jurist viel mit Kaufleuten und Industriellen lebt, so bringt es schon unvergleichlichen Nutzen, wenn er nur mit offenem Sinne alles auffaßt und in sich verarbeitet, was in seiner Gegenwart von anderen gesprochen wird. Frappierend ist es, welche Förderung unter Umständen ein zur Information geführtes auch nur halbstündiges Gespräch zu zweien im Vergleich etwa mit der Anhörung eines Vortrags oder mit einer langen Sachverständigenvernehmung zu bringen vermag. Besonders zu bemerken ist, daß es wichtig ist, den Geschäftsmann zu hören, wenn er von *seinen eigenen Geschäften und Interessen* redet. Nur dann läßt sich die Denkart des Geschäftsmannes mit Erfolg studieren.

Niemals habe ich eine Schwierigkeit empfunden, einen Geschäftsmann zum Sprechen über sein Geschäft zu bringen. Es kommt eben nur darauf an, daß der Frager die Gelegenheit mit Takt wählt und den richtigen Ton trifft. Dem Frager, der den Eindruck oberflächlicher Neugier hervorruft, wird es leicht schlecht ergehen. Aber auch der von ernstem Streben erfüllte Jurist hat gewisse Klippen zu vermeiden. Ich denke, es werden unter den jungen Assessoren nicht wenige sein, die bewußt oder unbewußt von der Vorstellung beherrscht sind, daß sie infolge ihrer akademischen Bildung und sozialen Stellung von der großen Mehrzahl der Geschäftsleute durch eine tiefe Kluft geschieden seien. Wer so fühlt, wird es schwer finden, sein Fühlen vor klugen Männern des Geschäftslebens zu verbergen. Und wenn seine Stimmung auch nur im geringsten erkennbar wird, ist natürlich jede Möglichkeit erfolgreicher Information durch persönlichen Verkehr ausgeschlossen. Wer als junger Jurist Männer des Geschäftslebens zum Sprechen bringen will, tut gut, sich vorher recht deutlich zu vergegenwärtigen, daß die Leute, die er angehen wird, es voraussichtlich alle in der Kunst der Menschenkenntnis bereits weiter gebracht haben, als er selber, und daß er daher vorsichtiger handelt, ganz fernzubleiben, wenn er sich innerlich über jene Leute erhaben fühlt. Er wird, wenn er solche Vorsicht außer Acht läßt, ein starkes Risiko laufen, sich nur lächerlich zu machen und keinen Erfolg davonzutragen. So hängt die Frage, wie es möglich ist, unsere Juristen mit den Verhältnissen und Bedürfnissen des Verkehrslebens gründlich vertraut zu machen, eng mit den großen und ernsten Problemen der sozialen Schichtung unseres Volkes zusammen. Innere Bescheidenheit und gerechte Anerkennung des Wertes, den auch andere Bildung, andere Sitte, andere Tätigkeit für das Gedeihen des Ganzen hat, sind der einzige Schlüssel, der den Zugang zum persönlichen Vertrauen anders Gebildeter und anders im Leben gestellter Männer eröffnet.

Nicht wenige junge Juristen — auch solche, die meinen Ansichten sonst nahestehen — werden meinen, daß sich zu wirklicher Noblesse des Empfindens und zum Feingefühl für gute Sitte und schöne Formen der Verkehr mit Hinz und Kunz schlecht reime. Das halte ich für einen schweren Irrtum. Wer viel mit anders erzogenen und in ganz anderer Lebensstellung tätigen Männern verkehren möchte, braucht auch nicht einen Deut von seiner Gesinnung und vornehmen Art preiszugeben. Es ist ein Fehler, zu meinen, daß man dann „mit den Wölfen heulen" müsse. Wenn der junge akademisch gebildete

Jurist im Verkehr mit anders erzogenen Leuten deren äußere Art nachzuahmen sich bestrebt, so wird das fast immer als gewollte Herablassung empfunden werden; Herablassung aber können die Leute des Geschäftslebens, auf die es ankommt, am allerwenigsten vertragen. Vornehme, aber mit innerer Bescheidenheit verbundene Art wird in jedem Kreise tüchtiger Männer, und möchten es selbst auch kleine Geschäftsleute, Handwerker oder Arbeiter sein, gewürdigt und mit Respekt aufgenommen. Solche mit innerer Bescheidenheit verbundene Vornehmheit hindert nicht die Gewinnung von Vertrauen, sondern sie erleichtert sie. Das sind Erfahrungssätze, und ich darf abwarten, ob jemand mir die Richtigkeit der Beobachtung bestreiten will.

Im einzelnen Vorschläge zu machen, wie der junge Jurist sich ausgebreiteten Verkehr mit Angehörigen anderer Berufsarten verschaffen und wie er ihn pflegen und für die Förderung seiner Kenntnisse nutzbar machen soll, ist natürlich unmöglich. Es hängt da alles von den Verhältnissen und Sitten der Gegend, von der persönlichen Veranlagung und den vorhandenen Beziehungen ab. Aber ein allgemeiner Rat läßt sich doch geben. Es ist ein praktisch bedeutsamer, harter Rat, der weit von dem Hergebrachten abweicht und manchem zunächst ganz unerhört erscheinen wird:

Der Jurist, der das zweite juristische Examen absolviert hat, soll seine Lehrzeit nicht als abgeschlossen ansehen. Er soll sich bewußt sein, daß für ihn jetzt, abgesehen von der Aufgabe des Weiterlernens im Gerichtsleben, die schwierigere Lehrperiode des Lernens im praktischen Leben beginnt. Er darf nicht glauben, daß die Erfahrungen und Kenntnisse sich von selber einfinden werden; er muß sie mühsam suchen. Er hat angesichts der zunehmenden Komplikation der Lebensverhältnisse keine Aussicht, genug von denselben zu lernen, wenn er nicht sein ganzes außerdienstliches Leben als eine Werkstatt behandelt, in der er lernen will. Auf Jahre hinaus muß in dem jungen Juristen bei jeder außerdienstlichen Beschäftigung, bei jedem Verkehr, bei jedem Gespräch das latente Bestreben vorhanden sein, aufzufassen und festzuhalten, was immer der Beobachtung und des Wissens würdig ist. Wenn jener junge Jurist mit einem Bekannten verkehrt, der in der Eisenindustrie tätig ist, so muß er nach einigen Wochen seine Vorstellungen von Syndikaten und Kartellen wesentlich vervollständigt haben und, wenn gerade ein Streik in jenem Industriebezirk stattfindet, so muß er über die Streitpunkte und die damit zusammenhängenden Arbeitsbedingungen gründlich informiert sein. Wenn er mit einem jungen Kassenarzt verkehrt, so muß er in kurzem über die großen Streitfragen, die die kassenärztliche Behandlung betreffen, orientiert sein und einige Vorstellungen von dem Wirken der Krankenkassen gewonnen haben. Hat er einen jungen Mann zum Bekannten der in einem großen Speditionsgeschäft tätig ist, so muß er nach einigen Wochen einen annähernden Begriff davon haben, wie es eigentlich in einem solchen Geschäfte zugeht, und wie das Speditionswesen tatsächlich an dem betreffenden Platze organisiert ist. Diese Beispiele mögen genügen; sie sind selbstverständlich beliebig herausgegriffen und könnten ins Unendliche vermehrt werden.

Dieser Rat, nach dem der junge Jurist für Jahre auch sein Privatleben dem Berufe dienstbar machen soll, und nach dem er alles, was er sieht und hört, gewissermaßen auf seinen Beruf beziehen und auch zum Lernen verwerten soll, ist äußerst unbequem, und seine Besolgung beeinträchtigt unzweifelhaft in hohem Grade die Behaglichkeit des Daseins für den Juristen. Aber wer nach dieser Vorschrift lebt, eilt seinem bequemeren Kollegen im Verständnis der Lebensverhältnisse mit Riesenschritten voran. Die Rechtspflege braucht solche Jünger. Daß diese trotz so intensiven Strebens immer noch gute Gesellschafter bleiben können, halte ich für sicher. Unter Umständen erleichtert die Eigenschaft, ein guter Gesellschafter zu sein, sogar die praktische Studienarbeit.

Gar viele junge Juristen werden weder Neigung, noch auch die Möglichkeit haben, sich anders als im Wege freundschaftlichen Verkehrs außerhalb des Gerichtslebens mit dem praktischen Verkehrsleben bekannt zu machen. Auch ihnen bietet sich, wie ich genügend dargelegt zu haben glaube, ein reiches Feld zum Lernen und Üben. Eine weit intensivere Unterweisung aber wird denjenigen zuteil, die sich entschließen, selbst für eine Zeitlang sich im Treiben des Erwerbslebens zu bewegen.

Das Spatium vom Assessorexamen bis zur Anstellung als Richter ist an sich vortrefflich geeignet, zur praktischen Einführung in die Kenntnis des Verkehrslebens verwendet zu werden. Im Falle der Darlegung eines wohldurchdachten Arbeits- oder Studienplanes wird eine praktisch gesonnene Justizverwaltung schwerlich prinzipiell abgeneigt sein, einjährigen oder mehrjährigen Studienurlaub zu bewilligen. Die ernstere Schwierigkeit liegt darin, für die jungen Juristen geeignete Stellungen zu finden.

Es haben bereits vielfach junge Juristen zu vorübergehender Ausbildung bei Banken gearbeitet. Das hat seinen sehr guten Sinn, wenn es sich etwa um die Ausbildung von jungen Leuten handelt, die sich dem Konsulatsdienst zuwenden wollen. Für sie kommt es darauf an, Verständnis für den großen internationalen Handelsverkehr zu gewinnen. Güteraustausch und Geldverkehr unter den Nationen, Beziehungen zwischen Produktion und Export, das Wirken heimischen Kapitals in fremden Ländern, das alles sollen sie vom Standpunkte des Volkswirtes aus kennen und behandeln lernen. Die Ziele der Ausbildung des Richters müssen andere sein. Ganz gewiß ist für den zukünftigen Richter der Einblick in das Getriebe eines großen Bankhauses auch dann nicht völlig nutzlos, wenn der junge Mann nur das Äußerliche des Betriebes kennen lernt. Aber ich halte dann den Nutzen für verhältnismäßig bescheiden, und ich weiß, daß diese Anschauung auch auf der Bankierseite Anhänger hat. Anders liegt natürlich die Sache, wenn ein hervorragender Mann aus jenem Betriebe, sei er einer der Chefs oder ein höherer Beamter, sich des jungen juristischen Eleven mit Geduld annimmt und ihm den Weg über die Äußerlichkeiten hinweg zum Verständnis des Wesentlichen bahnt. Aber daß das geschieht, wird nicht der Regel entsprechen, denn es bedeutet für den im Getriebe mehr als voll beschäftigten Chef oder Beamten ein enormes Opfer an Zeit und Geduld. Findet sich der eine oder der andere zu solchem Opfer bereit, so ist immer die Gefahr groß, daß er nach einiger Zeit die Sache satt haben wird. Ich erinnere mich eines Falles, in dem ein junger juristischer Eleve, der als Erstling in einen Bankbetrieb eingezogen war, geradezu glänzend gelernt hat. Man interessierte sich eben lebhaft für die ungewohnte pädagogische Aufgabe. Ob man aber bei derselben Bank der zehnten und zwölften Generation von Eleven denselben Eifer im Lehren entgegenbringen wird, wird man abwarten müssen. Es kommt hinzu, daß man es bei den großen Banken in der Tat besonders schwer hat, den jungen Juristen in das einzuführen, was er später als Richter besonders braucht. Der bureaukratisch organisierte Betrieb der großen Banken und sonstigen großen Handelsgesellschaften hat eben mit dem Treiben in einer großen Verwaltungsbehörde eine gewisse Ähnlichkeit. Ich sehe viele dieser Großbetriebe als für die Zwecke, um die es sich hier handelt, viel weniger geeignet an als mittlere Betriebe. Es gibt aber auch Großbetriebe, die sich vortrefflich eignen.

Ich möchte einen praktischen Fall berichten, der gewissermaßen ein mit außergewöhnlich lebhaften Farben gemaltes Bild gibt, welche Wege eingeschlagen werden können. Man verständigt sich am schnellsten an einem kraß gewählten Beispiel!

In meiner Vaterstadt Hamburg ist das Seerecht ein besonders wichtiges Rechtsgebiet. Ein junger Jurist aus kaufmännischer Familie wünschte, sich praktische Erfahrung zu verschaffen und wählte als Gebiet dasjenige der Schiffahrtsverhältnisse. Er beschloß, nach absolviertem Assessorexamen noch eine praktische Lehrzeit einzuschalten. Er war dann sechs Monate in Liverpool und sechs Monate in Glasgow in einem General average adjusters office als Clerk tätig. Er hat einige Wochen mit einem Fischdampfer unter Island gefischt und ist mit einem norwegischen Kohlendampfer von Glasgow nach Barcelona gefahren. Er ist während der Reise seine regelmäßigen Wachen gegangen und hat Leben und Kost der Mannschaft geteilt. Dann arbeitete er längere Zeit in einem Schiffsmaklergeschäft in Barcelona. Damit war seine praktische Lehrzeit beendet.

Ich überlasse es der Beurteilung jedes erfahrenen Praktikers, welch' kolossale Bedeutung für die spätere Behandlung seerechtlicher Vorgänge und Rechtssachen dem beizumessen ist, daß mit den theoretischen Kenntnissen des Seerechts die lebendige Anschauung der Wirklichkeiten des Seeverkehrs in solcher Weise verschmolzen wird.

Was mit bezug auf den Seeverkehr nur unter Aufwendung ganz außergewöhnlicher Anstrengungen und Entbehrungen gemacht werden kann, kann natürlich mit bezug auf die hundertfachen Betriebe im heimischen Handel und in der heimischen Industrie ohne besondere körperliche Strapazen ausgeführt werden. In einem deutschen Handelshause oder in einem deutschen industriellen Etablissement ein halbes Jahr oder ein Jahr als Angestellter dienstlich mitzuarbeiten, ist eine Aufgabe, der sich sehr viele junge Assessoren sicherlich mit Freuden unterziehen würden, wenn man ihnen nur den Weg dahin ebnen würde.

Die Wege dahin zu ebnen, ist nicht leicht. Die Bereitwilligkeit der Inhaber größerer und mittlerer Geschäftsbetriebe, junge Juristen in ihre Betriebe für ein halbes Jahr oder für ein Jahr oder gar für noch länger aufzunehmen, ist einstweilen nur schwach. Meine persönlichen Eindrücke vom augenblicklichen Stande der Dinge kann ich etwa folgendermaßen wiedergeben:

Auf dem Wege behördlicher Verhandlungen mit Handelskammern oder sonstigen großen Organisationen wird praktisch wenig zu erreichen sein. Wenn solche Organisationen sich gegenüber den an sie ergehenden Anregungen zunächst entgegenkommend beweisen sollten, so werden sie doch nachher bei ihren einzelnen Mitgliedern nicht das gleiche Entgegenkommen finden. Die meisten Geschäftsleute berührt der Gedanke, junge Juristen vorübergehend aufnehmen zu sollen, zunächst unbehaglich. Sie scheuen sich vor dem Dilemma, entweder auf unendliche Fragen des jungen wißbegierigen Juristen antworten und vielerlei Störung erdulden zu müssen, oder aber der übernommenen pädagogischen Aufgabe nicht gerecht zu werden. Sodann meint man, die Tätigkeit werde einem jungen Juristen, der in der zweiten Hälfte der zwanziger Jahre stehe, zu eintönig sein. Es ist mir entgegengehalten, man könne doch einen solchen jungen Herrn nicht Fakturen und Schiffszettel schreiben lassen, während es doch andererseits unmöglich sei, ihn zuerst anders in das Getriebe einzuführen, als indem man ihn auch die Einzelheiten des Betriebes kennen lernen lasse. Vielleicht noch stärker wirkt die Besorgnis, durch das Einfügen eines so fremden Elementes werde die Gleichmäßigkeit des Betriebes und die Disziplin unter den Angestellten gefährdet werden, da es schwer fallen werde, von dem jungen vorübergehend beschäftigten Juristen die gleiche Korrektheit im Dienste zu verlangen, wie man sie von den Angestellten fordern müsse. Daß man beim Beginn einer Unterredung mit einem Kaufmanne über dieses Thema auf eine andere als eine zögernde oder gar ablehnende Haltung trifft, wird immerhin kein häufiger Fall sein. Es ist mir aber auch begegnet, daß ich volles Verständnis für die Sachlage und rückhaltlose Bereitwilligkeit gefunden habe, junge Juristen für ein halbes Jahr oder für ein Jahr als Angestellte in den Betrieb einzustellen.

Ich kann nicht sagen, daß ich durch die bisher gemachten Erfahrungen irgendwie entmutigt wäre. Es wäre außerordentlich naiv, zu glauben, eine Entwickelung, wie ich sie wünsche, ließe sich sogleich im großen Stile herbeiführen. Ein ernstlicher Fortschritt auf diesem Wege kann nur in der Weise erreicht werden, daß man versucht, einzelne Fälle zu glücklichem Resultate zu führen und diese einzelnen Fälle allmählich häufiger werden zu lassen.

Nach den bisher gemachten Erfahrungen kann man von einer Unmöglichkeit des Gelingens gewiß nicht reden. Das Bedenken, daß man einen 27jährigen Juristen nicht in subalterner Handelstätigkeit beschäftigen könne, beruht auf einer unrichtigen Einschätzung der Absichten und der Energie junger Juristen, die bereit sind, nicht geringe Unbequemlichkeiten auf sich zu nehmen, um dadurch wichtige Ziele zu erreichen, die sie anders nicht wohl erreichen können.

Das Exempel, zu Studienzwecken für eine gewisse Periode in eine durchaus fremde Lebenssphäre einzutauchen und sich eine Zeitlang an Sitten, Lebensgewohnheiten und Beschäftigungen anzupassen, die völlig ungewohnt sind, ist schon so oft ausgeführt worden, daß darin für einen rüstigen und von energischem Streben erfüllten jungen Mann garnichts absonderliches liegt. Es ist ganz selbstverständlich, daß ein junger Jurist, der sich im Gebiete des Geschäftsverkehrs bewegen will, auch ohne Widerstreben subalterne Tätigkeiten ausüben wird. Es handelt sich ja für ihn um eine nicht lange Periode, in der er eben Dinge kennen lernen will, die — so geläufig sie dem Kommis sind, der seit vielen Jahren in demselben Geschäft tätig ist — ihm ganz neu sind. Ihm kommt dabei eine Zeitlang auch noch der Reiz der Neuheit zu Hilfe. Einen jungen Mann, der sich in die Disziplin nicht schickt, oder der es an dem richtigen Taktgefühl fehlen läßt, wird man schnellstens wieder aus dem Betriebe entfernen können. Selbstverständlich muß der junge Angestellte für die Zeit seiner Dienstleistung auch die volle Schwere des Dienstes auf sich nehmen. Wichtig ist es, den Gedanken festzuhalten, daß die Aufgabe des juristischen Eleven in erster Linie garnicht darauf gerichtet ist, die großen geschäftlichen Transaktionen kennen und verstehen zu lernen. Solche Kenntnis würde ihm zwar gewiß nützlich sein, es wäre von derselben aber auch nicht im entferntesten derselbe Nutzen für den zukünftigen Richter zu erhoffen, wie von der Berührung mit dem geschäftlichen Treiben im kleinen und einzelnen. Dieses Alltagstreiben von Handel und Verkehr kennen zu lernen und dabei mit anders gebildeten und in anderen Lebenskreisen aufgewachsenen Leuten zu verkehren und die Interessen und Bedürfnisse anderer Volksschichten und ihre Art verstehen zu lernen, das ist die Hauptaufgabe. Diese Aufgabe läßt sich leichter lösen als diejenige, die großen Transaktionen verstehen zu lernen. Der junge Jurist soll eben eine Zeitlang in der Atmosphäre von Handel und Verkehr atmen!

Daß neue Ideen, die hüben und drüben mit eingewurzelten Vorurteilen brechen, in beiden Lagern zunächst zähen Widerstand finden, ist selbstverständlich. Um die Verteidiguug solcher Ideen sich zu bemühen, erscheint als eine wenig einladende Beschäftigung. Sie erscheint um so weniger verlockend, da es wohl niemanden gibt, der heute schon fest davon überzeugt wäre, daß es schließlich gelingen müsse, auf dem hier besprochenen Wege einen innigeren Konnex zwischen Rechtspflege und praktischem Verkehrsleben herbeizuführen. Es kann sich nur darum handeln, mit Vorsicht und Geduld gegen die Strömung anzukämpfen und den redlichen Versuch zu machen, auf diesem Wege weiter zu kommen. Ich halte den Versuch für aussichtsvoll und deshalb mit Rücksicht auf die Bedeutung des vielleicht Erreichbaren für notwendig. Es ist übrigens nicht ganz unmöglich, daß die Welt der Industrie einen besseren Boden abgeben könnte als die Welt des Handels.

Angenommen, die Justizverwaltung eines deutschen Bundesstaates hielte einen solchen Versuch für erwünscht, dann würde viel darauf ankommen, nach welchem Schema alsdann die Verhandlungen mit den merkantilen und industriellen Kreisen eingeleitet würden. Würde ein höherer richterlicher Beamter, etwa ein Landgerichtspräsident, Konferenzen mit Vertretern von Handel und Industrie anberaumen, um seine Pläne zu entwickeln, so würde ich wenig Hoffnung auf gutes Gelingen hegen. Derartiges läßt sich wenigstens im Anfange nach meiner Meinung nur im persönlichen Verkehr mit dem einzelnen Kaufmanne oder dem einzelnen Industriellen unter vier Augen mit Erfolg behandeln.

Ich glaube noch eine Bemerkung zu dem damit erledigten Thema nachtragen zu sollen: Es wird die Besorgnis geäußert, die jungen Juristen, die sich in einen großen merkantilen oder industriellen Betrieb gut hineinfänden, würden der Justiz dauernd verloren gehen. Dieser Fall kann in der Tat eintreten. Ich glaube aber, daß sich eine solche Entwickelung doch in engen Grenzen halten würde. Ein starker Anreiz zum Übertritt wird in der Regel sich nur geltend machen, wenn der junge Mann in einem sehr großen Betriebe beschäftigt ist. Handelt es sich um Beschäftigung bei etwas kleineren (mittleren) Betrieben und ist die Zahl der so beschäftigten Juristen erst etwas größer geworden, so wird die Zahl der Fälle des Übertritts schwerlich eine bedeutende werden.

Von hohen Dingen wende ich mich hinab zu einem kleinen, aber nicht ganz unwichtigen Detail. Ich denke an die Kunst der Buchführung. Diese Kunst garnicht zu verstehen, ist für den Richter sehr störend. Dabei ist die Kenntnis der Buchführung in Juristenkreisen weniger allgemein, als es zu wünschen wäre. Ich halte es nicht für angebracht, jungen Juristen die Absolvierung großer buchhalterischer Kurse zu empfehlen. Soviel Arbeitsaufwand ist die Sache für den Richter nicht wert. Man darf nicht vergessen, daß es für den zukünftigen Richter keineswegs darauf ankommt, in die Finessen der Technik der Bilanzziehung für große Betriebe einzudringen. Das ist zu speziell und wird im gerichtlichen Verfahren immer der Begutachtung durch Sachverständige anzuvertrauen sein. Es kann sich nur um die Erlernung der einfacheren, in jedem mittleren Geschäfte alltäglich vorkommenden Buchungsoperationen handeln. Dazu reicht die während einiger Abende fortgesetzte Unterweisung durch einen guten Freund, der den Kreisen von Handel und Industrie angehört, vollkommen aus, wenn der junge Jurist bestrebt ist, nachher das theoretisch Erlernte ein wenig praktisch zu üben. Solche Übungen vorzunehmen, ist ein Leichtes für jeden Juristen, der für sich oder andere auch nur geringes Vermögen zu verwalten hat. Sogar in einem einfachen Hausstande ist es möglich, die Rechnungsführung nach den Regeln der doppelten Buchführung zu gestalten und, zu Zwecken der Übung, der Rechnungsführung eine reiche Gliederung zu geben. Eine solche Buchführung in eigenen oder fremden Angelegenheiten bringt genügende technische Schwierigkeiten mit sich, um den Juristen, der sie zu überwinden hat, im Laufe einiger Jahre mit der doppelten Buchführung soweit vertraut zu machen, wie es für die Zwecke richterlicher Tätigkeit wünschenswert ist.

Kaum bedarf es der Erwähnung, daß für den Richterstand Erfahrung mit bezug auf die Lebensverhältnisse in der Landwirtschaft um nichts weniger wichtig ist, als Erfahrung in der Welt von Handel und Industrie. Ich wies bereits darauf hin, daß eine große Zahl der jungen Amtsrichter, die in landwirtschaftlichen Bezirken zu wirken haben, in der Stadt erzogen sind und von landwirtschaftlichen Verhältnissen geringe Kunde haben. Es kann nicht anders sein, als daß solche jungen Leute einer gewissen Einführung in das Verständnis der Lebensinteressen ihrer Bezirkseingesessenen bedürfen. Auf Einzelheiten will ich mich aber bezüglich dieser Materie nicht einlassen, und zwar aus dem einfachen Grunde, weil mir die persönliche Erfahrung fehlt.

Die Einführung des jungen Juristen in das Verständnis für Art und Lebensinteressen der arbeitenden Klassen.

Es ist bekannt, daß ein sonst tüchtiger Jurist doch als Amtsrichter oder als Vorsitzender eines Kollegialgerichts eine ganz unglückliche Rolle spielen kann, wenn es ihm an Verständnis für die Art der Zeugen aus dem Arbeiterstande fehlt. Auf alle Anwesenden, die die Volksart besser verstehen, wirkt es geradezu deprimierend, wenn sie es ertragen müssen, zuzuhören, während sich lange Erörterungen abspielen, bei denen der Zeuge den Richter und der Richter den Zeugen nicht so recht versteht. Nach dieser Richtung werden diejenigen Richter, die in dem Landesteil, in dem sie wirken, aufgewachsen sind, selten Schwierigkeiten erleben. Männer, denen die Volksart ihrer engeren Heimat fremd geblieben wäre, werden im Richterstande kaum vorhanden sein. Dagegen finde ich, daß für Richter, die als gereifte Männer aus einem Landesteil in einen anderen Landesteil mit anderer Kultur und Volksart versetzt werden, die Aufgabe, sich am neuen Wohnorte in die Art des Volkes hineinzufinden, ein manchmal recht schweres Problem bedeutet. Die Aufgabe stellt an die geistige Elastizität eines nicht mehr jungen Mannes eine nicht geringe Anforderung. Ein an sich tüchtiger Mann, dem aber die volle Elastizität fehlt, kann durch eine Versetzung in ein Gebiet von anderer Volksart in hohem Maße an der richtigen Entfaltung seiner Fähigkeiten behindert werden. Für den jungen Juristen ergeben sich die zunächst einzuschlagenden Wege zur Aufnahme der erforderlichen Erfahrung von selber. Es heißt hier: mit Leuten aus dem Arbeiterstande reden, wo immer sich eine Gelegenheit dazu bietet, und keine Gelegenheit versäumen, sich über die Lebensverhältnisse im Arbeiterstande zu orientieren. Die Erfahrungen, wie eine Arbeiterfamilie der betreffenden Gegend lebt; was sie verbraucht; wieviel die Wohnungen kosten; wie es in der Gegend mit der Beschäftigung der Ehefrauen und der Kinder steht; wie es auf den Gesamtaufwand wirkt, ob sechs Kinder oder zwei Kinder vorhanden sind oder keines; was alleinstehende alte Männer oder Frauen zum Leben gebrauchen — alle diese Erfahrungen sind für den Richter wichtig. Will man in den zahllosen Streitigkeiten über Unterhalt wirklich gerecht entscheiden, so kommt man ohne den Besitz eines ansehnlichen Maßes von Erfahrung dieser Art kaum aus. Der Einzelfall pflegt genügendes Material, das auch einem unerfahrenen Richter ein klares Bild gäbe, nicht zu liefern. Der Richter sieht sich in diesen Fällen meist zum nicht geringen Teil auf die von ihm erworbene Lebenserfahrung verwiesen. — Auch bei den Ehescheidungsprozessen unter Eheleuten aus dem Arbeiterstande spielen diese Dinge eine erhebliche Rolle. Nicht selten übt die wirtschaftliche Lage der Familie auf das Verhältnis der Ehegatten zu einander bedeutenden Einfluß aus, und weiter macht oft die Aufgabe, den Verbleib der Kinder provisorisch zu regeln, ein Eingehen auf die wirtschaftlichen Verhältnisse unerläßlich.

Die für den Richter danach so bedeutsame Erfahrung bezüglich der Lebensweise der arbeitenden Klassen läßt sich aber nur schwer allein im Wege gelegentlicher Unterredungen mit Arbeitern gewinnen. Ich empfehle auf das Lebhafteste die Beteiligung an der Armenpflege oder an verwandten gemeinnützigen Unternehmungen. Allerdings bringt einen die Armenpflege nur im Falle besonderer — selten vorkommender — Konstellationen mit Arbeiterfamilien in Berührung, die sich gerade in bestem wirtschaftlichen Gedeihen befinden. Aber der in unendlicher Wiederkehr sich ereignende Fall, daß einer kinderreichen Arbeiterfamilie plötzlich der Vater durch den Tod entrissen wird, so daß nun ein Eingreifen der Armenpflege notwendig wird, gibt genügende Gelegenheit, die Anschauungen kennen zu lernen, die über die Befriedigung der einzelnen Lebensbedürfnisse in den Kreisen wirtschaftlich normal situierter Arbeiterfamilien des betreffenden Ortes herrschen. Mit bezug auf den Aufwand, den die Erziehung von Kindern erfordert, und auf die gesamten Bedingungen der Kindererziehung im Arbeiterstande gewährt die Beschäftigung in Armenpflege und Wohltätigkeit reiche praktische Erfahrung. Das Gleiche gilt von den Verhältnissen des Unterhalts alter Leute. — Daneben, und das ist ein garnicht unbedeutender Umstand, führt die Armenpflege häufig in das Verständnis bestimmter psychischer Faktoren ein, die im Zusammenleben jener Kreise wirksam sind. Gar mancher jüngere Richter wird gar keine Ahnung davon haben, in wie unendlich viel stärkerem Maße als in unseren Volksschichten dort in der Arbeiterbevölkerung der Neid und die Klatschsucht ihren verderblichen Einfluß üben. In diesen Dingen das richtige Augenmaß zu besitzen, ist in Ehescheidungsprozessen von praktischer Bedeutung. Keine bessere Einführung ist möglich, als diejenige der Beteiligung an der Armenpflege.

Einen sehr ernsten Punkt bildet die Notwendigkeit, daß der Richter in seinem Amt zu den großen sozialen Kämpfen der Gegenwart den richtigen Standpunkt findet. Bekanntlich haben die Richter sich nur allzu oft mit bestimmten Konsequenzen zu befassen, die sich aus jenen großen Kämpfen für die Schicksale Einzelner ergeben haben. In den Prozessen, in denen es sich um Folgen von Boykott, von Aussperrung, von Kampf gegen sogen. Streikbruch und dgl. m. handelt, sieht der Richter sich nicht selten durch das Gesetz für seine Entscheidung auf sein eigenes ethisches Empfinden verwiesen. Wenn er entscheiden muß, ob die Grenzen guter Sitte überschritten sind oder nicht, so hängt die Entscheidung ganz überwiegend von dem ethischen Empfinden des Richters ab. Der Einzelfall kann dem Richter die Normen, nach denen er zu entscheiden hat, nicht liefern. Diese Normen müssen in seiner Seele fertig vorhanden sein, wenn er über den Einzelfall zu entscheiden hat.

Der Punkt ist schwierig. Sehr schwer ist es für einen jungen Richter, zu der inneren Abgeklärtheit zu gelangen, welche die Aufgabe eigentlich erfordert. Das ethische Empfinden in diesen Dingen hängt eng zusammen mit volkswirtschaftlichen und politischen Anschauungen; auf diesen Gebieten aber herrscht lebhafter Kampf, und vergeblich sucht man im Streit der Volksklassen, der Parteien und der Gelehrten nach sicheren Anhaltspunkten. Es scheint zunächst, als könne man unmöglich dem jungen Juristen einen Rat geben, wo er einen Anhalt suchen solle, um sein ethisches Empfinden danach zu orientieren. Und doch hat sich mir im Laufe der Jahre allmählich die Überzeugung aufgedrängt, daß man den jungen Leuten einen praktisch bedeutsamen Rat geben kann und soll. Man möge ihnen raten, sich um die Streitigkeiten der Arbeiter und Arbeitgeber lebhaft zu kümmern und sich über den Verlauf der Streitigkeiten solcher Art, die sich an ihrem Wohnorte oder in der Nähe abspielen, und über die Begleiterscheinungen dieser Streitigkeiten so eingehend, wie es möglich ist, zu informieren. Den sicheren Anhaltspunkt im wilden Streit der Meinungen gewährt auch hier wieder die gründliche Kenntnis der tatsächlichen Verhältnisse.

Von den jungen Leuten, die sich auf der Universität oder während der Referendarzeit viel mit Nationalökonomie befaßt haben, werden die meisten durch diese Beschäftigung in ihrem ethischen Empfinden nicht unwesentlich beeinflußt sein. Bei vielen wird das ethische Empfinden auch durch die politischen Darlegungen, die sie gehört und gelesen haben, in erheblichem Grade mit bestimmt worden sein. Demgegenüber ist es möglich und wohl angebracht, die angehenden jungen Richter mit der Überzeugung zu durchdringen, daß es ein schlechter und nicht zu duldender Zustand ist, wenn in den wichtigen Prozessen, die aus den großen sozialen Kämpfen entspringen, der Richter bei seiner Stellungnahme zu den ethischen Fragen ohne eigene kritische Arbeit einfach von denjenigen allgemeinen Anschauungen ausgeht, die durch die eine oder die andere bestimmte volkswirtschaftliche oder politische Richtung in ihm großgezogen sind. Das ist ein gar zu sehr schwankender Boden! Für die Rechtspflege ergibt sich die Gefahr großer Ungleichheit. Ein wirksames Korrektiv ist aber vorhanden, wenn der junge Richter sich bemüht, nach Möglichkeit von den früher ihm zugetragenen theoretischen Meinungen zu abstrahieren und sich selber eine lebendige Anschauung auf Grund dessen, was er von den Kämpfen der Arbeiter und Arbeitgeber im einzelnen erfahren kann, zu bilden. Ich glaube, es wird nur selten vorkommen, daß ein solches Selbststudium die früher gewonnenen Anschauungen ganz ungeändert lassen wird. Die Wirklichkeit ist in diesen Dingen vielfach rauher beschaffen, als mancher junge Mann sie sich bei seinen volkswirtschaftlichen Studien vorgestellt hatte. Wenn ein junger Jurist, beseelt von dem Willen, unvoreingenommen mit eigenen Augen zu sehen, die Einzelvorgänge aus den wirtschaftlichen Kämpfen zwischen Arbeitern und Arbeitgebern beobachtet, so wird das, wie ich glaube, in der Regel die Wirkung haben, daß bei dem jungen Manne unklare Träume verscheucht werden und für das ethische Empfinden festere Anhaltspunkte gewonnen werden.

Naturwissenschaft und Technik.

Bei meinen bisherigen Erörterungen über die Einzelheiten der Fortbildung des jungen Assessors und Richters habe ich mich lediglich mit Fragen der Weiterentwicklung der Lebenserfahrung beschäftigt. Es kommt daneben aber auch eine zweckmäßige Weiterentwicklung der allgemeinen Bildung durch eigentliches Lernen in Betracht.

Als erstes Gebiet bietet sich die Förderung in modern naturwissenschaftlicher Bildung dar.

Sobald ich in diesem Zusammenhange das Wort „modern naturwissenschaftliche Bildung" ausspreche, muß ich links von mir einen deutlichen Trennstrich ziehen. Viele Juristen werden bei der Empfehlung solcher Ausbildung sofort von Mißtrauen erfüllt sein, weil sie sich durch den Hinweis auf die naturwissenschaftliche Richtung an Bestrebungen erinnert fühlen, die auf die Herbeiführung freier Rechtsfindung nach naturwissenschaftlicher Methode abzielen. Diesen Tendenzen huldige ich nicht. Was ich hier im Auge habe, hat mit jenen Tendenzen nichts gemein.

Mit der gewaltigen Entwicklung der Technik vermehrt sich in unserem Gerichtsleben andauernd die Zahl der Rechtsstreitigkeiten, in denen technische Verhältnisse eine Rolle spielen. Das Verständnis solcher technisch gefärbten Streitigkeiten wird in immer häufigeren Fällen schwierig, wenn der Richter nicht ein gewisses Mindestmaß von naturwissenschaftlicher Bildung besitzt. Ich glaube, daß nach dieser Richtung zwei miteinander verwandte, aber doch voneinander verschiedene Gründe in Betracht zu ziehen sind.

Wenn man von den Persönlichkeiten absieht, die über eine außergewöhnliche Begabung für das Verständnis technischer Dinge verfügen, so darf man sagen, daß es für jedermann ohne besondere Schulung schwer ist, von Maschinen und sonstigen technischen Apparaten aus Zeichnungen und aus schriftlichen und mündlichen Schilderungen eine plastische Anschauung zu gewinnen und sich das Funktionieren der Einrichtungen deutlich vorzustellen. Fällt der Blick des vollkommen Ungeschulten auf eine der bekannten Blaupausen, die mit einem Gewirr feiner weißer Linien bedeckt zu sein scheinen, so ist jener Beschauer zunächst versucht, von dem Unternehmen, daraus eine plastische Vorstellung von der Gestalt der Maschine zu gewinnen, als von einem gänzlich hoffnungslosen Beginnen von vornherein abzustehen. Die meisten Nichtjuristen werden demgegenüber meinen, der Richter brauche ja auch nicht derartige Dinge zu verstehen; das müsse er Sachverständigen überlassen. Sie ahnen nicht, daß der Richter gar nicht umhin kann, sich mit jenen Dingen selber zu befassen. Wenn der Richter die Akten eines Rechtsstreits aufschlägt und in denselben zahlreiche technische Zeichnungen findet, kann er nicht die Akten einfach wieder zuschlagen und beschließen, die Entscheidung einem Sachverständigen zu übertragen. Das Gesetz verlangt, daß der Richter bestimme, über welche Punkte der Sachverständige ein Gutachten abgeben soll, und das Gesetz fordert, daß der Richter, nicht der Sachverständige, über den Rechtsstreit entscheide. Es ist danach auch in technisch gefärbten Prozessen durchaus notwendig, daß der Richter *versteht*, was die Parteien vortragen, und daß er *versteht*, wo die Differenzpunkte stecken. Anderenfalls ist es einfach unmöglich für den Richter, die Punkte, über die das Gutachten erstattet werden soll, richtig zu fixieren.

Sodann braucht der Richter, der Streitigkeiten technischen Charakters entscheiden soll, ein gewisses Mindestmaß von physikalischem und chemischem Wissen.

In den Prozessen aus den Gebieten der chemischen Industrie, des Handels mit künstlichen Düngemitteln, des Hüttenwesens, der Maschinenindustrie, der Elektrotechnik werden chemische oder physikalische Verhältnisse meist eine nicht geringfügige Rolle spielen. Wenn dann bei der Verhandlung solcher Prozesse beispielsweise von Stickstoff und Nitraten, von Oxydation und von Alkalien, von so und so viel Atmosphären Druck, von Ampère und von Volt die Rede ist, und wenn alle diese Ausdrücke in der Verhandlung ebenso zwanglos gebraucht werden, wie wir von Ölfarbe und Wasserfarbe, von Meter und Liter zu sprechen pflegen, so befindet sich ein Richter, der völlig ohne brauchbare chemische und physikalische Kenntnisse ist, in schwieriger Lage. Es ist unmöglich, im gerichtlichen Verfahren, mag es sich um die mündliche Verhandlung oder um vorbereitende Schriftsätze handeln, den Richter in den Grundbegriffen der Physik und Chemie zu unterweisen. Fehlt bei ihm jedes physikalische und chemische Wissen, so wird dem Richter nichts übrig bleiben, als praktisch die ganze Sache unverstanden an den Sachverständigen gehen zu lassen. Das Verhandeln vor dem Richter sinkt dann zu einer Art Formsache herab. Ich will durchaus nicht behaupten, daß deshalb materielles Unrecht geschehen müßte. Aber soviel ist sicher, daß dann die Rechtspflege von geringerem Werte ist, als sie es sein sollte, und daß die Rechtspflege dann nicht dasjenige leistet, was das Gesetz verlangt. Nach dem Gesetze ist der Prozeß so gedacht, daß der Richter das Vorbringen der Parteien in den wesentlichen Punkten verstehen muß, und daß er dann auf Grund der Erkenntnis, wo die Differenzen der Parteien liegen, und wie sie geartet sind, und auf welche Punkte es ankommt, die Beweisaufnahme anordnet und ihr bestimmte Bahnen weist. Der Verzicht auf ein wirkliches Verstehen der Parteivorträge vor Erlassung des Beweisbeschlusses bedeutet ein unzulängliches und dem Gesetze nicht gerecht werdendes Verfahren. Eine schiefe Ansetzung des Beweisverfahrens kann zu überaus schädlichen Weiterungen führen und die Findung der richtigen Entscheidung ganz wesentlich erschweren.

Was in dieser Hinsicht von dem Stadium gilt, das dem Beweisbeschlusse vorausgeht, gilt doppelt von dem Beweisverfahren selbst. In Laienkreisen herrscht vielfach die Vorstellung, daß der Richter das Endergebnis der Arbeit des technischen Sachverständigen wie ein fertiges Arbeitsprodukt von dem Sachverständigen übernehme und dem Gebäude seiner Argumente als einen Bestandteil einfüge. Diese rohe Vorstellung weicht weit ab von dem Gedanken des Gesetzes. Nach der herrschenden Meinung ist bekanntlich die Stellung des Sachverständigen als diejenige eines Richtergehülfen zu denken. Oft ist der Inhalt des Beweisbeschlusses zu mager oder — weil der Richter die technischen Zusammenhänge nicht übersah — zu unpraktisch ausgefallen, als daß der Sachverständige am Beweisbeschlusse allein genügenden Anhalt für eine zweckmäßige Begutachtung finden könnte. Er muß dann zurückgehen auf die ihm mitgeteilten Materialien des Prozesses und in ihnen den fehlenden Anhalt suchen. Seine Gedankenarbeit bewegt sich in denselben Bahnen wie die Geistesarbeit des erkennenden Richters. Der Unterschied ist nur, daß der Sachverständige mit dem besonderen Rüstzeug technischen Fachwissens arbeitet. Und wie die Geistesarbeit des Sachverständigen sich von richterlicher Arbeit qualitativ nur dadurch entscheidet, daß der Sachverständige bei der Arbeit besondere technische Fachkenntnisse verwertet, so ist auch der Weg, den der Sachverständige zurückzulegen hat, nur eine Strecke desjenigen Weges, welcher von der ersten Anhörung des Falls zur richterlichen Entscheidung des Streits führt. Im Prinzip ist zu fordern, daß der Richter jene ganze Wegstrecke selber abschreitet, und daß er sich auf ihr von dem Sachverständigen nur begleiten und helfen läßt, weil er ohne Hilfe die Hindernisse des Weges nicht überwinden kann.

Es kommen Fälle vor — aber sie sind doch recht selten —, in denen es für den nicht ganz außergewöhnlich vorgebildeten Richter unmöglich ist, den einzelnen Arbeiten des Sachverständigen mit Verständnis zu folgen. Ich denke dabei z. B. an statische Berechnungen, schiffsbautechnische Kalkulationen, sowie an die Einzelheiten chemischer Untersuchungen. In solchen Fällen gibt der Richter, weil es nicht anders möglich ist, in der Tat ein Stück der Entscheidung aus der Hand. Leicht kann in diesen Berechnungen gerade der Punkt vorkommen, an dem die Wahl des Weges nach rechts zu einer dem Kläger günstigen Entscheidung führt, während die Wahl des Weges nach links zu entgegengesetzter Entscheidung leitet. Aber in solchem Falle muß eben der Richter die Entscheidung aus der Hand geben, genau ebenso, wie wenn es sich um die Interpretation einer in russischer Sprache geschriebenen Vertragsurkunde handelt und der Richter die Entscheidung praktisch dem Dolmetscher des Gerichts anvertrauen muß. Daß aber solche Fälle sehr selten sind, ergibt sich für mich aus der Tatsache, daß mir in der Praxis jeder so geartete Fall in hohem Maße aufgefallen ist, und daß mir bei langjähriger Tätigkeit an einem großen Verkehrszentrum doch nur recht wenige Fälle solcher Art vorgekommen sind.

Es liegt im dringenden Interesse der Justiz, daß die Richter bestrebt sind, wirklich nur da die Entscheidung aus der Hand zu geben, wo ein Verstehen der wichtigeren Erwägungen des Sachverständigen auch bei Einsatz intensiver besonderer Arbeit des Richters sich als unmöglich erweist. Im Prinzip muß der Grundsatz gelten, daß der Richter, bevor er dem Gutachten des Sachverständigen folgt, dessen Erwägungen vollständig verstehen muß!

Aber mit der Erkenntnis, daß der Richter — von den gedachten Ausnahmefällen abgesehen — nicht nur das Endprodukt der Arbeit des Sachverständigen, sondern auch seine Erwägungen verstehen muß, ist die Aufgabe, die dem Richter bei der Beweisaufnahme durch Einziehung sachverständigen Gutachtens zufällt, noch nicht in ihrer Tiefe erfaßt. Ich lasse hier die kleinen Alltagsfälle, die keine Schwierigkeiten bereiten, beiseite und spreche von den zahlreichen schwieriger gearteten Fällen. In den schwierigeren Fällen, in denen Gutachten Sachverständiger eingezogen werden, ist fast immer ein wirkliches Zusammenwirken des Richters und der Sachverständigen notwendig. Die Tätigkeiten beider müssen ineinander greifen und sich gewissermaßen durchflechten; sonst kann meist nur sehr Unvollkommenes erreicht werden. Der Richter kann von dem Sachverständigen als seinem „Richtergehülfen" die bestmögliche Hülfeleistung nicht erhoffen, wenn er nicht selber bestrebt ist, umgekehrt auch ihm zu helfen.

Die Aufgabe, in einem Rechtsstreite ein Gutachten abzugeben, also als Richtergehülfe zu fungieren, nötigt den Architekten, den Ingenieur, den Chemiker zu einer Art von Arbeit, die sich von seiner gewohnten wissenschaftlichen oder praktischen Berufstätigkeit wesentlich unterscheidet. Der Sachverständige, der im Berufe gewohnt ist, am Zeichentisch oder im Laboratorium zu arbeiten, soll Aktenstudium treiben und sich in das Verständnis von Differenzen einleben, die meist auf dem Boden des praktischen Geschäftslebens erwachsen sind. Zwar ist bei der Fassung der Beweissätze, über welche die Sachverständigen gehört werden sollen, der Richter meist bestrebt, aus dem Streite einzelne Fragen herauszuschälen, die dann auf den ersten Blick den Anschein erwecken, als könnten sie vom übrigen Streitstoffe völlig isoliert beantwortet werden. Tatsächlich pflegen aber solche Fragen doch so eng mit mancherlei anderen Tatumständen des Falles zusammenzuhängen, daß der Sachverständige, für den infolge seiner technischen Sachkunde jene Zusammenhänge offenbar werden, garnicht umhin kann, andere Umstände des Falles mit inbetracht zu ziehen. Sehr oft ist auch der technische Sachverständige genötigt, Willenserklärungen zu interpretieren. Ist ihm aufgetragen, zu begutachten, ob eine Maschineneinrichtung oder ein chemisches Produkt einer bestimmten Vereinbarung entsprechend ausgefallen sei, muß er sich zuerst über den Sinn der Vereinbarung klar sein und die bezüglich des Inhalts der Vereinbarung für ihn auftauchenden Zweifel entscheiden. Bei solchen Erwägungen, die sich in keiner Weise von denjenigen eines Richters unterscheiden, kann der Sachverständige bei jedem Schritt vorwärts einen Irrweg einschlagen; daran ist umsomehr zu denken, da der Techniker in viel geringerem Maße für die Tätigkeit der Entscheidung von Streitigkeiten vorgebildet ist als der Richter. Jeder juristische Praktiker weiß, wie häufig es geschieht, daß der technische Sachverständige infolge unrichtiger Auffassung von Momenten aus dem Prozeßstoffe unrichtige Faktoren in seine Erwägungen einstellt, und wie oft dem technischen Gutachten die volle Brauchbarkeit deshalb fehlt, weil die Aufgabe, die dem Sachverständigen gestellt war, nicht ganz richtig erfaßt war. Da ist es die Aufgabe des Richters, dem Sachverständigen zu Hülfe zu kommen. Durch zweckmäßige Befragung des Sachverständigen hat er ihm den Weg zu ebnen und ihm die richtigen Zielpunkte zu weisen, damit das technische Wissen des Sachverständigen in vollem Maße für die Rechtspflege ausgenutzt werde.

Ein Zusammenwirken des Richters und des Sachverständigen, wie es danach stattfinden muß, ist in sehr hohem Maße erschwert, wenn der Richter nicht über ein gewisses Maß modern naturwissenschaftlicher Bildung verfügt. Es ist bei den Verhältnissen der Technik unserer Tage nicht leicht, ein technisches Gutachten wirklich zu verstehen, wenn die naturwissenschaftliche Bildung fehlt.

In ganz besonderem Maße wird m. E. das Bedürfnis nach so vorgebildeten Richtern fühlbar, wenn es sich um größere Prozesse technischen Charakters handelt, bei denen mehrere oder gar viele Sachverständige mitwirken. Man hört gegen die Beförderung naturwissenschaftlicher Bildung bei den Richtern oft das Bedenken äußern, es sei zu befürchten, daß man bei den Juristen ein technisches Halbwissen großziehen werde, und daß die so vorgebildeten Richter ihr Wissen über dasjenige der Sachverständigen setzen und schließlich in der Praxis großen Unfug anrichten würden. Es liegt mir ganz fern, zu leugnen, daß Mißstände solcher Art vereinzelt eintreten können. Aber diese Gefahr muß mit in den Kauf genommen werden, da wichtigere Rücksichten die Beförderung solcher Vorbildung gebieterisch erheischen.

Übrigens habe ich die Bedenken gegen die Pflege naturwissenschaftlicher Bildung bisher nie von Richtern, sondern nur von Anwälten und Nichtjuristen äußern hören. Das ist erklärlich, denn eine solche Stellungnahme ist nur bei Männern verständlich, denen die plastische Vorstellung davon fehlt, wie es auf seiten des Gerichts während eines größeren technischen Prozesses praktisch zugeht. Ist bei einem Prozesse nur ein Sachverständiger beteiligt, oder stimmen alle beteiligten Sachverständigen überein, so ist es an sich ausführbar, wenn auch nicht zu billigen, daß der Richter dem Gutachten ohne jede eigene Kritik folgt. In größeren technischen Prozessen hat man aber in der Regel nicht mit einem Sachverständigen, sondern mit mehreren Sachverständigen, unter Umständen gar mit einem Dutzend und mehr zu tun! Bezüglich der einzelnen Argumente herrscht dann ein buntes Durcheinander; ihrer hauptsächlichen Tendenz nach sind die Gutachter in zwei feindliche Heerlager geschieden. In diesem Wirrwar von Ansichten muß der Richter sich zurechtfinden. Von einer Möglichkeit, daß er sich hier einfach der besseren Einsicht des Technikers unterwerfen könnte, ist dann nicht die Rede, denn die Techniker bekämpfen sich untereinander. Man kann hier auch nicht etwa sagen, der Richter möge sich gegenüber den Ansichten der Privatgutachter einfach an die Ansicht des gerichtlichen Sachverständigen halten. Denn es sind dann oft mehr als ein gerichtlicher Sachverständiger auf dem Plane und ihre Ansichten stimmen ebensowenig überein. Nimmt man einen neuen Sachverständigen hinzu, damit er gewissermaßen ein Obergutachten erstatte, so ist auch damit noch nicht allzuviel erreicht. Denn in solchen Fällen sind oft die Privatgutachter und die zuerst ernannten gerichtlichen Sachverständigen hervorragende Männer der Wissenschaft, und es ist dann nicht leicht, einen Mann von höherer Autorität zu finden. Und ereignet es sich alsdann gar, daß das neue Gutachten an überzeugender Kraft hinter einem früher erstatteten Gutachten zurückbleibt, so ist die Schwierigkeit durch die Zuziehung des neuen Gutachters nicht geringer geworden.

In Fällen der gedachten Art ist es des Richters Sache, den Versuch zu machen, durch das Eingreifen des Gerichts Ordnung in das Durcheinander zu bringen. In dem Kampfe der Sachverständigen, die sich mit Schrift und Gegenschrift befehden, muß einer die ordnende Führung übernehmen. Damit kann man keinen Sachverständigen betrauen. Dieser eine kann nur der Richter sein. Er muß in den Auseinandersetzungen der Sachverständigen das Wesentliche von dem Unwesentlichen scheiden; er muß durch neue Beweisanordnungen die Unklarheiten zu klären suchen und die Untersuchungen ihrem richtigen Ziele zuführen. Dabei wird er sich als verständiger Richter auch die Darlegungen der Privatgutachter, wenn sie ihm wertvoll erscheinen, zunutze machen. Wie soll ein Gericht solchen Aufgaben gerecht werden, wenn sich in demselben nicht Richter finden, die über die erforderlichen naturwissenschaftlichen Grundkenntnisse verfügen, so daß sie imstande sind, bei Aufwendung besonderer Arbeit sich in die besonderen technischen Verhältnisse des Falles einzuarbeiten! Das zu tun, ist für einen mit geeigneter Allgemeinbildung ausgerüsteten Juristen keineswegs unmöglich. In den deutschen Gerichten wird das schon heutzutage nicht selten geleistet. Findet sich der Richter nicht dazu bereit, so führt das dazu, daß das Gericht gegenüber der großen Schwierigkeit der Sache praktisch versagt. Ein solches Versagen ist für die Rechtspflege immer bedauerlich. Speziell die Technik ist aber nachgerade so sehr mit in den Vordergrund unseres Verkehrslebens gerückt, daß es bei der gerichtlichen Behandlung von

Rechtsstreitigkeiten aus dem Gebiete der Technik keine „Versager" geben darf. Daher lege ich den größten Wert darauf, daß bei den Gerichten in nicht zu kärglicher Zahl Männer vorhanden sind, die eine gute modern-naturwissenschaftliche Vorbildung besitzen.

Man wird mir einwenden, es sei nicht möglich, für alle Gebiete der Technik speziell vorgebildete Richter zu gewinnen; ein Mann, der einige Kenntnisse auf dem Gebiete der Chemie besitze, werde darum noch nicht einen Prozeß auf dem Gebiete des Maschinenbaues besser entscheiden können, und Kenntnisse auf dem Gebiete des Schiffbaues würden bei der Entscheidung eines Prozesses über künstliche Düngemittel von keinem Nutzen sein. Solche Einwendungen treffen nicht die Auffassung, die ich vertrete. Zwar finde ich es höchst erfreulich, wenn sich ein Richter auf einem bestimmten Spezialgebiete der Technik Kenntnisse aneignet. Es liegt auf der Hand, daß er einen Zweig der Technik wählen wird, der in seiner Gegend gepflegt wird, und da wird es nicht lange dauern, bis der Richter in den Stand gesetzt sein wird, die erworbene Kenntnis zum Nutzen der Rechtsuchenden und zur Ehre der Rechtspflege zu verwerten. Aber die Erwerbung solcher Spezialkenntnisse ist nicht das, was ich jetzt bei dem jungen Nachwuchse planmäßig gefördert sehen möchte. Meine Wünsche sind bescheidener. Ich denke nur an dasjenige, was ich wiederholt mit dem Ausdrucke „modern-naturwissenschaftliche Bildung" bezeichnet habe.

Über das wünschenswerte Maß solcher naturwissenschaftlichen Bildung kann man sich am leichtesten verständigen, wenn man die Lehrziele unseres höheren Schulwesens zum Maßstabe nimmt. Was in den Oberprimen der deutschen Oberrealschulen und Realgymnasien geleistet wird, übersteigt meines Erachtens bereits das hier zu fordernde Mindestmaß. Insbesondere geht die intensive mathematische Schulung, die in der höchsten Klasse jener Lehranstalten angestrebt wird, entschieden über das Maß desjenigen hinaus, was im Sinne der hier erörterten Wünsche zu fordern ist. Nicht allein findet der Jurist später keine Gelegenheit, das bei so hoch gesteigertem mathematischen Unterrichte Erlernte direkt nutzbringend zu verwerten. Ich bin auch der Meinung, daß mit Rücksicht auf die Hypertrophie des Logischen und Spitzen in unserem juristischen Denken die Beeinflussung der Verstandesbildung, die von einer so überaus intensiven mathematischen Schulung zu erwarten ist, kaum als für den angehenden Juristen besonders erwünscht angesehen werden darf. Den Unterricht, den jene Lehranstalten auf den Gebieten der Physik und Chemie erteilen, sehe ich als für den Juristen sehr wertvoll an, bin aber nicht im Zweifel darüber, daß die Lehrziele auch in Physik und Chemie höher gesteckt sind, als es für das Mindestmaß, das ich als für den Juristen wünschenswert ansehe, notwendig ist. Wende ich mich dann zum humanistischen Gymnasium, so finde ich, daß, wenn der naturwissenschaftliche Unterricht sehr ernst genommen wird und in den Händen tüchtiger Lehrer liegt, das Niveau, das in Mathematik und Physik in der Oberprima erreicht wird, für die hier erörterten Zwecke ausreicht, daß aber das Fehlen der Chemie eine sehr empfindliche Lücke bildet.

Damit glaube ich das Maß modern-naturwissenschaftlicher Bildung, an das ich denke, verständlich umschrieben zu haben. Das Lehrziel des humanistischen Gymnasiums reicht nicht ganz aus. Die Lehrziele der Realanstalten gehen über das Maß des Erforderlichen hinaus. Es ist nach meiner Ansicht für einen naturwissenschaftlich interessierten jungen Mann, der ein humanistisches Gymnasium absolviert hat — sofern er in einer größeren Stadt lebt —, relativ leicht, sich das fehlende Wissen später hinzuzuerwerben.

Aber mit der Erreichung des erforderlichen Niveaus naturwissenschaftlicher Bildung beim Abschluß der Schulzeit ist es nicht getan. Für denjenigen, der seine naturwissenschaftlichen Interessen im späteren Leben nicht weiter pflegt, gehen die Schätze naturwissenschaftlicher Bildung, die ihm die Schule geschenkt hat, rapide wieder verloren. Es ist den Menschen leider nicht gegeben, einen bestimmten Wissensschatz ohne Übung längere Zeit in unverändertem Maße zu konservieren. Man hat in der Regel nur die Wahl zwischen einem vorwärts oder rückwärts. Daher wird ein „Pflegen" der naturwissenschaftlichen Interessen nach der Schulzeit praktisch immer nur in einem Weiterarbeiten, in einer Vervollkommnung des naturwissenschaftlichen Wissens, bestehen können. Das ist's, worauf es für diejenigen Männer ankommt, die, gestützt auf Veranlagung und Vorbildung, geneigt sind, in ihrer juristischen Wirksamkeit den technisch gefärbten Rechtsstreitigkeiten ein besonderes Interesse entgegenzubringen und ihren Kollegen, deren Interessen nach anderer Richtung tendieren, auf den Gebieten der Technik besonders brauchbare Mitarbeiter und Berater zu sein. Welcher Zweig der Naturwissenschaft zur weiteren Pflege gewählt wird, darauf kommt bei der nahen Berührung, die zwischen den einzelnen Disziplinen stattfindet, nicht allzu viel an. Es kommt darauf an, daß man nur irgendwie ein naturwissenschaftliches Interesse stetig und arbeitsam weiterpflegt.

Es liegt mir weltfern, einer ausgeprägt naturwissenschaftlichen Bildung für alle Richter das Wort reden zu wollen. Bei der zunehmenden Differenzierung des Verkehrs ist es unmöglich, daß alle Richter allen Kulturinteressen gleichmäßig zugewandt sind. Ein Richterkollegium wird am nützlichsten zu wirken in der Lage sein, wenn in ihm eine Art von Arbeitsteilung in der Weise stattfindet, daß von seinen Mitgliedern der eine auf diesem, der andere auf jenem Kulturgebiete besonders gut bewandert ist, so daß man sich gegenseitig unterstützen kann. Damit man der technischen Aufgaben Herr werden könne, wird es genügen, wenn in der Regel in jeder Zivilkammer und in jedem Senate eines Oberlandesgerichts mindestens ein Mitglied vorhanden ist, das nach der naturwissenschaftlich-technischen Seite genügend interessiert und vorgebildet ist, den Kollegen gelegentlich als Interpret technischer Gedanken und Verhältnisse dienen zu können. Ein Mann, der über eine naturwissenschaftliche Vorbildung, wie ich sie skizziert habe, gebietet, und der durch weiteres Pflegen eines naturwissenschaftlichen Interessenkreises im naturwissenschaftlichen Denken einigermaßen geübt ist, kann bei Einsatz besonderer Arbeit für den Einzelfall sich in einigen Tagen oder Wochen in jede Art von technischen Verhältnissen, die den Mittelpunkt eines Prozesses bilden, soweit hineinsetzen, daß er imstande ist, einigermaßen zu verstehen, was die Parteien und was die Sachverständigen ausführen. Jene Grundlagen genügen, ihn in den Stand zu setzen, zwischen seinen Kollegen und den nur technisch vorgebildeten Parteien und Sachverständigen das Verständnis zu vermitteln, genau ebenso wie in einem anders gearteten Falle ein anderer Richter desselben Gerichts, der mit einem anderen Verkehrsgebiete besonders vertraut ist, es sich angelegen sein lassen wird, seinen Kollegen das Verständnis der Verhältnisse jenes anderen Verkehrsgebietes zu vermitteln. Vielleicht ist es nicht überflüssig, mit einigen Beispielen zu illustrieren, wie wünschenswert es ist, daß in unseren Zivilgerichten naturwissenschaftliche Vorbildung und Verständnis für schwierigere technische Verhältnisse zu finden seien.

Ich erinnere mich eines wichtigen Prozesses zwischen der Telegraphen-Verwaltung und einem Privaten, bei dem der Begriff des Telephon-Nebenanschlusses streitig war. Es erwies sich als unausführbar, den Streit sachgemäß zu entscheiden, wenn nicht das Gericht mit den physikalischen und technischen Grundlagen der Fernsprecheinrichtung bekannt war. Im Wege der Befragung gerichtlicher Sachverständiger die Information zu beschaffen, war unmöglich, denn es war eine Art von Unterricht erforderlich, wie er durch Gutachten nicht erteilt werden kann. Der Unterricht setzte wieder gewisse Vorkenntnisse voraus. Mit Hilfe von Unterricht und mit Einsetzung von ergänzendem Studium wurde es möglich, die Schwierigkeit zu überwinden, und es konnte die Brücke zwischen Technik und Rechtswissenschaft hergestellt werden. Das beauftragte Kollegialmitglied konnte die gewonnene Einsicht in die technischen Grundverhältnisse dem Kollegium vermitteln. Die Entscheidung findet sich Hans. GZBbl. 1902 Nr. 110 abgedruckt. Jeder Leser wird sich sofort überzeugen, daß die Einsicht in die physikalischen Grundverhältnisse nicht zu entbehren war.

Ein anderer Fall: Es wurde ein bedeutender Rechtsstreit aus dem Gebiete des Melassehandels geführt. Man hatte Melasse mit der Bestimmung „Basis 48 % Zucker Polarisation" verkauft. Während des Prozesses trat mehr und mehr die Frage in den Vordergrund, ob nicht bei Ware der gelieferten Art die Methode der polarimetrischen Untersuchung ein falsches Bild des Zuckergehalts gebe. Ein Sachverständiger schilderte dem Gerichte, daß der reine Rohrzucker eine Drehung der Polarisationsebene nach rechts, der Invertzucker dagegen eine Drehung im entgegengesetzten Sinne bewirke. Das Gericht würde außer Stande gewesen sein, das Gutachten des Sachverständigen richtig zu verstehen und den Prozeß mit richtigem Verständnis zu entscheiden, wenn es nicht eine gewisse Anschauung von bestimmten physikalischen Erscheinungen aus dem Gebiete der Polarisation des Lichts gehabt hätte. Die Bekanntschaft mit gewissen naturwissenschaftlichen Grundverhältnissen ermöglichte die richtige Ausnutzung des Gutachtens des Sachverständigen.

Aus den Gebieten des Häuserbaus, des Schiffsbaus, des Maschinenbaus sind unschwer Beispiele anzuführen, welche zeigen, daß heutzutage an das Verständnis des Richters für naturwissenschaftliche und technische Verhältnisse Anforderungen gestellt werden, an die früher niemand dachte. Aus dem Bauwesen erinnere ich mich eines bedeutenden Rechtsfalles, in dem das Gericht nicht umhin konnte, sich mit dem Begriffe der „Einspannung" eines Balkens und mit den Verhältnissen der im eingespannten Balken wirksamen Einspannungskräfte eingehend bekannt zu machen. Es herrschte ein heftiger Meinungskampf zwischen zahlreichen am Prozesse beteiligten Sachverständigen, und es war schlechterdings unmöglich, die Verhältnisse anders zu klären, als dadurch, daß das Gericht unter gründlichem Eingehen auf die technischen Verhältnisse die Beweisaufnahme systematisch leitete und förderte. Ähnlich lagen die Verhältnisse in einem wichtigen Falle aus dem Schiffbau. Ein

Seedampfer war plötzlich auf rätselhafte Weise gekentert. Die Sachverständigen waren über die Ursachen verschiedener Meinung. Die hervorragendsten Männer des Fachs waren als Sachverständige beteiligt. Es handelte sich um intrikate Fragen des Aufrichtungsvermögens des Schiffes. Es würde das eingetreten sein, was ich oben einen „Versager" nannte, wenn das Gericht nicht auf die technischen Verhältnisse eingegangen wäre und nicht die Beweisaufnahme, unter den durch die technischen Verhältnisse gegebenen Gesichtspunkten positiv mitwirkend, gefördert hätte. Aus dem Maschinenbau kann ich einen Fall erwähnen, in dem eine Schiffsmaschine plötzlich zusammengebrochen war und aus den Umständen enträtselt werden sollte, ob der Unfall darauf zurückzuführen sei, daß die Schraube gegen einen treibenden Gegenstand geschlagen habe. Wiederum waren die Sachverständigen entgegengesetzter Meinung, und Sache des Gerichts war es, sich eine Meinung zu bilden. Alle solche Fälle setzen ein gewisses Maß von Verständnis für technische Dinge, manche von ihnen nicht unwesentliche Kenntnisse naturwissenschaftlicher Art und technische oder naturwissenschaftliche Spezialarbeit des Richters voraus, wenn es keinen „Versager" geben soll. Daß dies von einer großen Zahl von Patentprozessen ebenso gilt, bedarf kaum der Erwähnung.

Und zum Schlusse möchte ich noch ein Beispiel anführen, das eine andere Seite der Sache zu beleuchten bestimmt ist.

Meiner Meinung nach ist es schwer, ohne Liebe zur Naturwissenschaft und ohne Vertrautheit mit naturwissenschaftlichen Dingen ein Taktgefühl dafür zu erwerben, wie weit im einzelnen Falle die Rechtspflege bei der Entscheidung über Geldinteressen sich auf die

Sicherheit theoretischer Anschauungen der Naturwissenschaft verlassen darf. — Dem Gerichte lag ein Fall vor, in dem es sich darum handelte, ob ein neues künstliches Stickstoff-Düngemittel für die Beförderung der Vegetation eine erheblich geringere Nutzwirkung habe, als die für den gleichen Preis käufliche Menge anderer bewährter Stickstoff-Düngemittel. Eine Reihe von wissenschaftlichen Sachverständigen hatte sich mit seltener Einmütigkeit dahin geäußert, daß die Nutzwirkung eine erheblich geringere sei. Praktische Kulturversuche von genügendem Umfange waren — wohl wegen des dazu erforderlichen Aufwandes von Geld und Zeit — nicht angestellt. Die wissenschaftlichen Autoritäten hatten sich ihre Ansichten auf Grund von Analysen und theoretischen Lehrmeinungen über den Nutzwert bestimmter Stoffe gebildet. Das Gericht konnte sich nicht entschließen, jenen Sachverständigen zu folgen. Es nahm entscheidenden Anstoß an der Tatsache, daß ein dem Handel nahestehender Sachverständiger dem Gerichte nachwies, daß das Verhältnis, in dem die Preise der seit langer Zeit anerkannten und bewährten Stickstoff-Düngemittel zu einander stehen, nicht mit dem Verhältnisse übereinstimmt, in welchem die Nutzwirkungen zu einander stehen, wenn sie nach den heute angewandten wissenschaftlichen Methoden abgeschätzt und bei der Vergleichung in Ansatz gebracht werden Die relative Bewertung der besten und bewährtesten Stickstoff-Düngemittel in Handel und Verkehr stimmt also nicht zur relativen Abschätzung der Nutzwirkungen, wenn diese nach den heutigen wissenschaftlichen Methoden erfolgt. Aus diesem Konflikt zwischen Praxis und Wissenschaft folgerte das Gericht nicht, daß die Praxis im Irrtume sei, sondern es glaubte, mit dem Zweifel rechnen zu müssen, ob die heutigen wissenschaftlichen

Methoden der Berechnung der Nutzwirkung genügend vervollkommnet und zuverlässig seien. Daß dieser Zweifel offen blieb, war für die Entscheidung des Prozesses von ausschlaggebender Bedeutung. Die Entscheidung war schwierig. Es konnte nur deshalb so entschieden werden, weil man beim Gericht mit der naturwissenschaftlichen Welt Fühlung hatte und von der Wandelbarkeit und allmählichen Entwickelung theoretischer Lehrmeinungen über Dinge wie Nähr- und Nutzwert eine lebendige Anschauung besaß. Infolgedessen war man sich der Verantwortung bewußt, die der Richter auf sich nimmt, wenn er solche Lehrmeinungen zur Basis richterlicher Entscheidungen macht, die für den Betroffenen schwere wirtschaftliche Folgen haben. In diesem Falle hielt man die Sache für so gelagert, daß man glaubte, sich auf die wissenschaftliche Theorie nicht verlassen zu dürfen. In einem anderen Falle aus dem Gebiete der Heiztechnik glaubte dasselbe Gericht, sich auf die Ergebnisse theoretischer Berechnung mit genügender Sicherheit stützen zu dürfen, weil man eben nach der Situation, die in diesem Falle bestand, die in geringem Maße stets vorhandenen Zweifel an der Zuverlässigkeit theoretischer Lehrmeinungen der Naturwissenschaft nicht für genügend schwerwiegend erachtete und an die Ergebnisse der wissenschaftlichen Berechnung glaubte.

Mancher Laie und mancher Jurist wird durch die Unsicherheit erschreckt sein, die es zur Folge zu haben scheint, wenn die Gerichte sich im Einzelfalle derart von ihrem Glauben an die Zuverlässigkeit technischer Untersuchungen oder ihrem Mißtrauen in die Zuverlässigkeit leiten lassen. Die richterliche Entscheidung ist aber in Wahrheit nicht unsicherer sondern sicherer, wenn der Richter ein richtigeres Bild von der Zuverlässigkeit der

Stützen hat, deren er sich bedient. Die bessere und tiefere Einsicht in die Dinge ist fast immer unbequem, weil sie Schwierigkeiten enthüllt, die der Unkundige nicht ahnt. Das darf uns aber nicht veranlassen, lieber mit verbundenen Augen daher zu schreiten. Es ist eine schlechte Lehre, die besagt, es komme schließlich nicht so sehr darauf an, ob wirklich immer derjenige, der Recht habe, Recht behalte, sondern es komme mehr darauf an, daß die Streitigkeiten in unabhängiger Weise prompt und verständlich entschieden würden. Der Schaden, der durch Fehlsprüche in ernsten Dingen angerichtet werden kann, ist unermeßlich, und ich halte die Denkweise der Leute, die jene leichtere und scheinbar praktische Auffassung vertreten, für in Wahrheit höchst unpraktisch. Ein hohes Niveau der richterlichen Auffassung und offenes Verständnis für die Schwierigkeiten und Zweifel, die sich mit der Vertiefung der Einsicht in die Verhältnisse ergeben, lassen sich sehr wohl mit Schnelligkeit des richterlichen Entschlusses und mit entschlossenem Durchgreifen des Richters vereinigen. Nichts bekämpfe ich mehr als Kleinlichkeit im Richteramt. Auch strenge Maßhaltung und Beschränkung in den Beweisanordnungen halte ich für notwendig. Diese Selbstbeschränkung soll aber eine bewußte sein. *Selbstbeschränkung* des Richters im Verfahren ist wertvoll und notwendig, *Beschränktheit* des Blicks ist immer vom Übel.

Lebende Sprachen.

Von dem Gebiete der Technik und der Naturwissenschaften wende ich mich hinüber zu einem anderen Gebiete der allgemeinen Bildung, zum Studium fremder Sprachen.

Bekanntlich ist der Verkehr Deutschlands mit dem Auslande in rascher Zunahme begriffen. Im Großhandel und in der Großindustrie ist die Zahl der jungen Leute, die entweder englisch oder französisch oder beide Sprachen verstehen, in rapidem Wachsen. Wenn die Juristen in der Erlernung der lebenden Sprachen zurückbleiben, so kann das nicht ohne empfindliche Schädigung des Werts und des Ansehens der Rechtspflege geschehen.

Wenn bei der Auslegung fremdsprachlicher Dokumente oder Korrespondenzen ein Dolmetscher mitwirken muß, so liegt die Auslegung zum weitaus überwiegenden Teile bei dem Dolmetscher, dem doch die Qualität des Richters fehlt. Die Vorlegung von Vertragsurkunden und Briefen, die in französischer oder englischer Sprache verfaßt sind, findet aber heutzutage im deutschen Gerichtsleben häufig statt. Eine sachgemäße Behandlung kolonialer Streitigkeiten wird in der Regel zur Voraussetzung haben, daß der Richter des Englischen oder Französischen mächtig ist. Dies alles ist aber so bekannt, daß ich mir eine weitere Erörterung dieses Punktes ersparen kann.

Mir scheint ein anderer Punkt ebenso wichtig, vielleicht gar noch wichtiger. Ich bin der Meinung, daß nicht so sehr die Erlernung der Grammatik und der Vokabeln einer fremden Sprache als vielmehr das Lesen der literarischen Erzeugnisse fremder Völker und der persönliche, unter Benutzung der fremden Sprache gepflogene, Verkehr mit Angehörigen anderer Nationen ein Bildungsmittel allerersten Ranges ist, den Geist des Menschen zum Verständnis der Art des Denkens und Handelns anderer Menschen zu erziehen. Habe ich darin recht, so hat kein Berufsstand mehr als derjenige der Juristen Veranlassung, sich dieses Bildungsmittels zu bedienen.

Ich spreche jene These mit einer gewissen Zaghaftigkeit aus, denn ich kann für ihre Richtigkeit keine Beweismittel beibringen. Ich kann nur an die eigene Erfahrung des einen und des anderen Kollegen appellieren. Ganz zweifellos wird Vielen, das, was ich zu sagen habe, wie Phrase erscheinen. Ich kann nur meine auf empirischem Wege gewonnene Anschauung zum Ausdruck bringen. Sie ist aus den lebendigen Eindrücken entstanden, die mir die Berührung mit fremder Kultur und der persönliche Verkehr mit Angehörigeu anderer Nationen gebracht hat. Ich kann wohl den Versuch machen, jene Erscheinung verstandesmäßig zu erklären, aber, was ich nach dieser Richtung anführen kann, hat nur den Wert einer Hypothese.

Die Fähigkeit, sich in das Fühlen und Denken anderer hinein zu versetzen, hat selbstverständlich das Vorhandensein einer geeigneten Veranlagung zur notwendigen Voraussetzung. Die natürliche Anlage aber kann durch Übung in hohem Grade entwickelt werden. Bis zum Eintritt in das praktische Leben, oft auch noch lange darüber hinaus, hat der junge Mann unserer Volksschichten verhältnismäßig wenig Gelegenheit, sich in die Denkweise anders erzogener, unter der Herrschaft anderer Sitten aufgewachsener Menschen fügen zu müssen. Innerhalb jeder bestimmten Volksschicht besteht ja in der Art zu denken und zu leben eine gewisse Gleichförmigkeit. Die Übung im Einleben in die Art anderer kann der junge Mann nur in kärglichem Maße praktizieren. Die Berührung mit fremder Volksart und Kultur ersetzt bis zu einem gewissen Grade diese Übung.

Man braucht nur nach einander eine englische und eine französische Zeitung zu lesen oder nach einander zwei in demselben Jahre erschienene Romane zu lesen, von denen der eine von einem Franzosen in französischer Sprache, der andere von einem Engländer in englischer Sprache geschrieben ist, und man wird unter dem lebhaften Eindrucke stehen, daß bei den Angehörigen jener beiden Nationen der ganze Apparat des Empfindens und Denkens verschieden funktioniert. Ähnliches gilt natürlich von dem Verhältnisse deutscher Art zur Art jener anderen Nationen. Es ist merkwürdig, in wie geringem Maße die fremde Art für uns erkennbar und verständlich wird, wenn wir die Geisteserzeugnisse fremder Völker in Übersetzung lesen. Erst die Kenntnis der fremden Sprache ist die Brücke, die uns zum Verständnis der Eigenart des Empfindens und Denkens anderer Völker hinüberleitet. Wer eine fremde Sprache erlernt und beginnt, in dieser Sprache Bücher zu lesen und in dieser Sprache zu sprechen, befindet sich in der Zwangslage, zunächst mühsam der andersartigen Weise der Äußerung und des Denkens nachgehen zu müssen. So dringt er — ohne sich dessen im einzelnen bewußt zu werden — allmählich, mit dem gleichzeitigen Zunehmen der Sprachkenntnis und der Berührung mit den Erzeugnissen fremden Geistes, in das Verständnis der fremden Denkart ein.

Man hat die Schulung in der Mathematik häufig als ein Turnen des Geistes charakterisiert. Mit vollem Recht! Bei solchem Turnen wird aber der Geist nur nach einer Richtung geschult, und zwar nach der Richtung logisch geordneten Denkens und richtiger Schlußfolgerung. Die Erlernung fremder Sprachen zusammen mit der Lektüre fremder Geisteserzeugnisse und dem Verkehr mit Angehörigen anderer Völker wirkt nicht minder wie ein Turnen des Geistes. Aber es wird dabei eine andere Gruppe von Fähigkeiten des Geistes geschult.

Was hier geschult wird, ist die Beweglichkeit und Empfänglichkeit des Geistes im Verstehen anderer Denkart und anderer Äußerungsweise und damit die Fähigkeit, das Denken und Handeln von Menschen, die anders erzogen und unter der Herrschaft anderer Sitten aufgewachsen sind, zu begreifen und richtig zu würdigen.

Es ist ein Gemeinplatz, daß der Verkehr mit Angehörigen anderer Nationen den geistigen Horizont erweitert. Der Sinn dieses Satzes wird aber meist zu oberflächlich verstanden. Das Kennenlernen einiger fremder Einrichtungen, Sitten und Gebräuche wird kaum imstande sein, den Weitblick des Geistes sehr wesentlich zu erstrecken; jene Steigerung der Fähigkeit, die Denkweise und damit das Handeln anders gearteter Menschen zu verstehen, ist es vor allem, die den weiteren Blick und eine mehr großzügige Denkweise herbeiführt.

Und was soll der junge Jurist tun, um dieser großen Vorteile teilhaftig zu werden?

Ich habe in dieser Abhandlung versucht, eine Reihe praktischer Anregungen für die Selbsterziehung junger Juristen zu geben. Leider muß ich mir sagen, daß die Befolgung dieser Anregungen für den jungen Juristen keine sonderlich leichte Aufgabe bildet. Nur eine Ausnahme darf ich machen. Eine Anregung läßt sich außerordentlich leicht befolgen, und das ist die Anregung zur Erlernung der französischen und englischen Sprache. Ein junger deutscher Jurist, der im zwanzigsten Jahrhundert in das praktische Leben eintritt, hat es eigentlich schwer sich zu entschuldigen, wenn er nicht bis zum fünfunddreißigsten Lebensjahre dahin gelangt ist, französisch und englisch zu verstehen.

Das Maß dessen, was der Schüler eines humanistischen Gymnasiums im französischen Unterricht lernt, reicht vollkommen aus, den jungen Mann in den Stand zu setzen, sich autodidaktisch weiter zu bilden. Der Abiturient des humanistischen Gymnasiums kann mit Aufwendung von Geduld und reichlichem Nachschlagen im Wörterbuch einen in leichter Sprache geschriebenen französischen Roman ganz gut lesen. Hat er nur einen einzigen Roman glücklich durchgelesen, so wird ihm der zweite schon ganz unverhältnismäßig viel leichter lesbar erscheinen. Ich beklage immer, daß die Hunderte von jungen Leuten, die sich durch die Schwierigkeit, das erste französische Buch für sich allein durchzulesen, abschrecken lassen, nicht ahnen, wie kurze Zeit die Geduldsprobe nur zu dauern hat, und wie schnell man nach Überwindung der ersten steinigen Wegstrecke in angenehmes Gelände kommt. Bereitet die Lektüre keine Unbequemlichkeiten mehr, so hapert es oft noch stark mit der Aussprache. Aber dieser Mangel wiegt im Hinblick auf das Ziel, dem hier zugestrebt wird, nicht so gar schwer, und überdies läßt er sich durch eine gelegentliche Reise nach Frankreich oder durch Verkehr mit Franzosen bedeutend mildern.

Manches von dem, was ich soeben von der Erlernung des Französischen gesagt habe, gilt in verstärktem Maße von der Erlernung des Englischen. Allerdings besteht der Unterschied, daß viele junge Juristen auf der Schule keinen englischen Unterricht genossen haben. Aber die Erlernung des Englischen ist für einen Deutschen so überaus viel leichter als diejenige des Französischen, daß dadurch jener Übelstand reichlich ausgeglichen wird. Ein kurzer Kursus englischen Unterrichts, wie er heute in jeder Mittelstadt in sehr zweckmäßiger Weise erteilt wird, genügt schon, um das Niveau zu erreichen, von dem aus die autodidaktische Weiterbildung leicht ausführbar ist.

Es gibt englische Bücher, die so leicht zu lesen sind, daß in der Tat schon ein überraschend kurzer Unterricht ihre Lektüre ermöglicht. Dem Autodidakten kann man als erste Lektüre nicht genug das in erstaunlich leichter Sprache geschriebene berühmte Kinderbuch „Little Lord Fauntleroy“ von Burnett empfehlen. Ist ein solches Buch gelesen, so ist damit die Pforte zu der reichen englischen Erzählungs-Literatur eröffnet, deren Lektüre sich in seltenem Maße zugleich zu angenehmer, friedlicher Erholung von der Tagesarbeit und zur Einführung in das Verständnis von Leben, Handeln und Denkart der Engländer eignet.

Ich möchte noch einen kleinen praktischen Wink für die jungen Juristen hinzufügen, die als Autodidakten fremde Sprachen treiben wollen. Es ist von großem Nutzen, ein halbes Jahr oder länger alltäglich eine fremde Zeitung zu lesen. Die Zeitungen sind meist — nicht alle — in leicht verständlicher Sprache geschrieben. In der Zeitung wird eine bunte Mannigfaltigkeit von Gegenständen berührt, und es findet daher nicht nur ein beschränkter Wortschatz Verwendung, wie das von manchen wissenschaftlichen Publikationen gesagt werden kann. Endlich wird für den Anfänger das Verständnis dadurch sehr erleichtert, daß bei der Lektüre von Artikeln über Tagesfragen der der Sprache noch wenig kundige Leser sich in reichem Maße des Hilfsmittels der Kombination zu bedienen vermag.

Bevor ich die Erörterung über die mannigfachen Methoden schließe, mit Hilfe deren der junge Jurist die Kräfte stärken kann, die er in der Rechtspflege entfalten soll, möchte ich noch mit einem Worte der häufigen Warnung vor Zersplitterung und Oberflächlichkeit gedenken. Die Warnung ist nicht ohne Grund. Ein nicht in sich geschlossener Charakter und ein Charakter, der zur Oberflächlichkeit neigt, begibt sich in eine gewisse Gefahr, wenn er viele Dinge zugleich angreift. Wie man aber bei der Behandlung von Ausbildungsfragen nicht nur an die besonders hochbegabten jungen Leute denken soll, so soll man auch nicht nur an die mit besonders unglücklichen Charakteranlagen ausgestatteten jungen Leute denken. Der Mittelschlag ist es, an dem man die Erziehungsmittel zu messen hat. Der Mittelschlag unserer jungen Juristen aber kann meines Erachtens eine reichere Dotierung der Allgemeinbildung und der Lebenserfahrung vertragen, ohne daß dadurch für ihn eine ernste Gefahr der Ausartung seiner Bildung zu oberflächlicher Vielwisserei heraufbeschworen würde. Für einen nicht besonders unglücklich veranlagten und von ehrlichem Streben erfüllten jungen Juristen wird die reichere geistige Ausrüstung die Wirkung haben, daß er in höherem Maße als sonst ein guter Richter und damit ein Förderer der Kultur seines Volkes sein kann.

IV. Schlußbetrachtung.

Der Leser wird sich darüber klar sein, daß alle Anregungen, die ich für die Ausbildung und Fortbildung der jungen Richter zu geben versucht habe, ihre bestimmende Grundlage in den Idealen von Richterpersönlichkeit und Richtertätigkeit haben, die mir vorschweben, und denen ich zustrebe. Ich kehre zurück zu dem Gedanken, mit dem ich diese Abhandlung begonnen habe: Erst das Ziel, dann der Weg zum Ziel! In der Tat, es ist verlorene Liebesmüh', sich über die Einzelheiten richtiger Ausbildung herumzustreiten, solange es an Klarheit darüber fehlt, wohin man streben will. In der Auffassung der richterlichen Aufgabe liegt die Entscheidung über die Art der Ausbildung.

Billigt man die Auffassung der richterlichen Aufgabe, die ich vertrete, so ergeben sich die Wege, die zur Förderung der deutschen Rechtspflege einzuschlagen sind, wie von selber. Wer so denkt, wie ich, wird sich in erster Linie nicht für eine Änderung der Gesetze, sondern für eine Vervollkommnung der Erziehung des richterlichen Nachwuchses interessieren. Ich glaube, daß unsere Zeit bei dem Bestreben, eine gute Rechtspflege zu sichern, dem Irrtum verfallen ist, das Heil viel zu sehr von der Beschaffenheit der Gesetze zu erwarten und viel zu wenig Gewicht auf die Persönlichkeit und das geistige Rüstzeug des Richters zu legen. Wenn es uns nur gelingt, die jungen Richter mit dem richtigen Sinne zu erfüllen und zu dem richtigen Können zu erziehen, so werden wir auch unter der Herrschaft der jetzt geltenden großen Gesetze eine Zivilrechtspflege erreichen, die mit den Bedürfnissen der rapide fortschreitenden Kulturentwickelung Schritt hält.

Als die einzigen im Wege der Gesetzgebung oder der Verordnung zu treffenden Maßnahmen, die zur Erreichung dieses Zieles notwendig sein würden, sehe ich die Maßregeln an, die etwa erforderlich sind, um die Anforderungen in den juristischen Prüfungen etwas zu modifizieren. Ich brauche hier auf das an früherer Stelle Gesagte nicht weiter zurückzukommen. Im übrigen kommt nach meiner Meinung alles darauf an, daß die Männer der Wissenschaft auf den Lehrstühlen der deutschen Universitäten und die Leiter der deutschen Justizverwaltungen die veränderten Bedürfnisse der Zeit erkennen und sich bestreben, der geistigen Entwickelung des Nachwuchses eine etwas veränderte Richtung zu geben.

Wenn ich einer kräftigen Wendung vom Logisch-Abstrakten hinweg zum Praktischen und Lebenswahren das Wort rede, so darf man mich nicht unwissenschaftlichen Sinnes zeihen. Wenn „die Wahrheit suchen und erkennen" Wissenschaft ist, und wenn es richtig ist, daß — wie ich meine — das Recht sich nur als eine Funktion des jeweiligen Kulturzustandes begreifen läßt, dann ist es nicht unwissenschaftlich, wenn man bestrebt ist, die Lehre vom Recht fester an der Erkenntnis und dem Verständnis der vorhandenen Kulturverhältnisse zu verankern. Weiter handelt man nicht unwissenschaftlich, sondern im Gegenteil durchaus wissenschaftlich, wenn man die Jünger der Rechtswissenschaft, die Recht sprechen sollen zwischen streitenden Menschen, mit aller Kraft darauf hinweist, daß es ihre erste Aufgabe sein wird, die menschlichen Konflikte, über die sie entscheiden sollen, zu verstehen, und daß wirkliches Verstehen der menschlichen Konflikte unmöglich ist, solange man ihren psychologischen, wirtschaftlichen und allgemein kulturellen Grundlagen fremd gegenübersteht.

Daß es für die Lehrer der Hochschulen, wenn sie gleichen oder ähnlichen Ideen anhängen sollten, ein Leichtes sein müßte, solchen Ideen bei ihren Schülern Eingang zu verschaffen, ist klar. Schwerer ist es für die Justizverwaltungen, auf die jungen Juristen, die das zweite Examen absolviert haben, einen Einfluß dahin zu üben, daß sie sich nach der Richtung vielseitiger Lebenserfahrung und geeigneter Erweiterung der allgemeinen Bildung in zweckmäßiger Weise fortbilden. Ich glaube kaum, daß ein Reglementieren dieser Fortbildung nach dem zweiten Examen möglich ist, jedenfalls würde ein solches Reglementieren unpraktisch sein. Undenkbar scheint mir, daß auf eine andere Weise in großem Maße fördernd eingewirkt werden kann als durch den persönlichen Einfluß tüchtiger und bedeutender Männer in den leitenden Stellungen.

Die Fortbildung, wenn sie über Vorträge und Lehrkurse hinaus zu einer ernsten Einführung in das praktische Wirtschaftsleben und die Verkehrsbeziehungen der Menschen werden soll, muß sich auf das engste an die besonderen wirtschaftlichen und kulturellen Verhältnisse des Bezirks anschließen. Die Fortbildung muß in einem Grubenbezirk des Westens, in einer Seestadt des Nordens und in einem landwirtschaftlichen Distrikte des Ostens vollständig verschiedene Formen annehmen. Daher muß der leitende Justizbeamte, der den Assessoren und jungen

Richtern seines Bezirks ein guter Führer für ihre Fortbildung sein will, selber mit den wirtschaftlichen Verhältnissen seines Bezirks vertraut sein.

Die Aufgabe der Einwirkung auf die Entschließungen der jungen Juristen bezüglich ihrer Fortbildung scheint mir nicht schwer. Nichts scheint mir natürlicher, als daß der leitende Justizbeamte sich mit seinen jungen Assessoren und Richtern gern und häufig über ihre wissenschaftlichen Neigungen unterhält und mit ihnen darüber spricht, welche Ideen sie bezüglich der Förderung ihrer geistigen Fortentwickelung haben. Der leitende Beamte muß verstehen, zu individualisieren. Es würde durchaus verfehlt sein, wenn man versuchen würde, bei jungen Leuten im Assessoralter ihre ganze Art noch zu ändern. Bei der Leitung der Fortbildung kann es sich bei praktischer Handhabung hauptsächlich nur darum handeln, zu erkennen, nach welcher Richtung der einzelne besonders veranlagt ist, und dann nach dieser Richtung die vorhandenen Anlagen im Sinne der großen Aufgabe zu entwickeln. Zeigt der einzelne mehr Tendenz, bestimmte Seiten seiner allgemeinen Bildung zu pflegen als sich am Treiben des praktischen Verkehrslebens zu beteiligen, so wird er auch auf solche Weise reichliche Gelegenheit finden, sich für die Rechtspflege brauchbarer zu machen. Alle Wege, die zu einer Vertiefung der Einsicht in die Grundbedingungen und Verhältnisse des Verkehrslebens führen, sind recht!

Das Leitmotiv muß sein, daß in der langen Zwischenzeit zwischen der Absolvierung des ersten Examens und dem späteren Zeitpunkte, in dem für den Richter in Amt und Würden die Lebensaufgaben sich häufen und Mangel an Zeit zur Fortbildung sich einstellt, keine Stagnation in der Entwickelung eintreten soll, und daß diese verhältnismäßig freie Periode des Lebens rüstig ausgenutzt werden soll, um den festen und sicheren Anschluß an das praktische Leben und dessen Bedürfnisse zu gewinnen. Ich will damit nicht sagen, daß es recht wäre, nach jener Periode die weitere Fortbildung einzustellen. Nach meiner Empfindung ist nur der ganz glücklich, der mit dem Lernen so lange fortfährt, bis er von dieser Erde abberufen wird. Aber jene Periode ist zweifellos für die Einführung besonders geeignet. Demjenigen, der sie verständig benutzen will, sollte durch reichliche Urlaubsgewährung unbedenklich dazu verholfen werden. Allerdings dürfte eine Warnung am Platze sein. Urlaubsgewährung ist nur dann zu empfehlen, wenn ein wohldurchdachter Plan für die beabsichtigte Fortbildung nachgewiesen wird. Denn nicht der Behaglichkeit, sondern der Arbeit soll der Urlaub dienen.

In den Einzelheiten mögen meine Gedanken und Anregungen viele Irrtümer enthalten. In dem Grundempfinden des Sehnens nach einer innigeren Verbindung zwischen deutscher Rechtspflege und praktischem Leben weiß ich mich mit einer gewaltigen Zahl von Deutschen einig. Möchten diese Zeilen dazu beitragen, die Entwickelung nach dieser Richtung zu fördern.

Kolibri 360 GmbH
Ferdinand-Jühlke-Straße 7
99095 Erfurt, Deutschland
produktsicherheit@kolibri360.de